belle vue

人生風景・全球視野・獨到觀點・深度探索

CHAMPIONSHIP BEHAVIORS

A Model for Competitive Excellence in Sports

冠軍行為

奧運金牌教練的卓越競技學&冠軍育才術

美國奧運金牌教練
修・麥卡欽 Hugh McCutcheon ——— 著　林郁芬 譯

Championship Behaviors

Contents

PART 1 基礎

PART 2 發展

PART 3

成就

序言

剛認識修時，有一次我們比肩而坐，一面興高采烈地談天，一面留意眼前的戰況。我們眼前是一場九歲組籃球比賽，我兒子和他兒子都在場中，使出渾身解數，賣命拚搏。我知道修擔任教練聲譽崇隆，所以準備好跟他來場技術性交流，談談如何妥善執行1－3－1區域聯防之類。沒想到，修把我帶進了一堂大師課，這堂課談的是運動如何提供一個寶貴的場域，讓（特別是）孩子們磨練自己的情緒控管技巧，而這些技巧，日後又怎麼成為孩子的寶貴資產，不只運動上的豐功偉業，就連學術上、專業上甚至家庭上的成就，都奠基其上。

尖銳哨音響起，裁判吹了犯規。可能是覺得裁判不公，被吹犯規的球員忿忿把球往地上用力一砸，不爭氣的眼淚撲簌簌流下臉頰。體育場坐了半滿觀眾，看著這深陷在情緒裡的小毛頭，大概都巴不得離他愈遠愈好。修卻精神抖擻地告訴我，這種遭遇情緒逆境的時刻，其實正是形塑這個男孩的大好機會，不只是引導他成為更好的運動員，更重要的是讓他成為更好的青年。修看穿了情緒暴走的表象，從中找到真實成長的契機。

我很幸運，能在不同場合聽修分享他的智慧，專業上，他是備受明尼蘇達雙城隊

（Minnesota Twins）倚重的顧問，學術上他是TED講者，個人私交上他是我的好友。我是個教練，也是父親、丈夫、同事，以及高度競爭的職業運動產業領導者，在我所扮演的這些人生角色中，都深受修的影響。他的教誨超越了運動的範疇，不管在親職上或事業上，皆能適切地應用。因此，《冠軍行為》一書雖奠基於體育，卻能使讀者在生活的方方面面，能具備活下來而且活得很好的本事。

修的教練生涯，不管在職業、大學或奧運的級別，一路上都與競技的卓越成就緊緊相連，但在這樣資歷的人當中，會奉勸大家不要單以場上勝負來論斷教練成敗的，他可能是第一人。在《冠軍行為》一書中，修提出發人深省的觀點——藉由運動來開發技能，使運動員能貢獻一己之力，以促進社會往更好的方向發展。修念茲在茲的不僅僅是培育運動員，更是要培育在思想、行動上都充滿活力的人才，這才是他的過人之處。

從數十年教練經驗和彪炳戰功之中，修提煉出他所謂的發展三大支柱：身體，心理，和社會。大多數教練主要專注於（有的人還是唯獨專注於）身體能力的開發，這是因為他們太在乎比賽勝負了，畢竟大家都說競技最後問的就是輸贏。修相信，如果在乎過程，那麼除了身體技能，教練還必須在選手的心理和社會技能開發上多下工夫。科學研究證明，身體技能並非完全天生，而是可藉由有效和高效的練習方法加以開發。心理技能把注意力和決策導向情緒控制。社會技能指的是選手獻身團隊，把團隊視為高於自己的存在，致力為隊友的成長而努力，並分擔隊友的困難。具備冠軍素質的選手，會把千錘百鍊的身體技能與優越的心理韌性結合，同時保有社會意識，持續提升自己和隊友的表現。具備冠軍素質的教練，得負責提供選手優質的資源，以及有豐富競技機會的安全環境，讓選手在其中磨練其冠軍技能。

修也為教練工作立下高標準。他指出，具備冠軍素質的教練必須有高度意識，同時得有身兼老師、教練，和心靈導師三個角色的能力。若只偏重教練的角色，很可能無法提供選手在成長發展、達致卓越這一路上所有的必要資源。藉由在類似競賽的環境中訓練，促進有效學習，進而強化運動員精進技能、駕馭情緒的能力。優秀的教練，能夠讓運動員與團隊的能力發揮到極致，達到最高水準。傑出的導師則能營造安全、相互信任的環境，同時極為擅長帶人帶心，在專業上和情感上都能與運動員達到高度交流。

修憑藉專業，利用運動打造出一套身體、心理和社會發展的典範，已證明確實可行。本書讀者，不論是想從修長年教練經驗中汲取養分的運動員、教練，或是想增進自身扮演老師、教練，與心靈導師技能的企業領袖，抑或是企盼幫助孩子、讓他們活出自己最好的樣子的父母親，《冠軍行為》都是你的最佳藍圖。

塔德．萊文（Thad Livine）──明尼蘇達雙城隊資深副總裁兼總經理

自序

追尋卓越之路

一九八五年，我踏入競技排球，那時我已「高齡」一十有五，在這個領域算是起步晚的。

會開始打排球，是因為我的籃球教練。記得當時我們在賽前暖身，我突發奇想想試試「灌籃」。由於我身高不夠，真要「灌」是沒辦法，但若一切順利，說不定我可以兩手持球，高高躍起，把球從籃框的邊緣放進去。（那時我還沒法單手持球。）想不到，我真的辦到了，大家都吃了一驚，包括我自己。勇氣倍增之下我決定再如法泡製一回，只不過這次我打算使出全力。結果，我再度「灌籃」成功，不過滿勉強的，而且多加的猛力讓我身體一歪，失去了平衡，情急之下只得伸手緊攀住籃框，以免一路斜飛、最後還背部著地。這招奏效了，我平安雙腳落地，走回隊伍的尾巴。

但我的教練很不高興。他說我根本就是「愛現」——掛在籃框上晃是吧，這樣是可以的嗎？我「灌藍」成功的壯舉基本上一文不值，我的努力，只換來教練揚言要我賠一個新籃框，因為以我逼近六十四公斤的體重，籃框很可能已經被我拗彎了！要知道，當時我家經濟頗為拮据，根本不可能拿出一百美元買新籃框。於是我趕緊認錯，試著解釋前因後果，想讓教練了解我不是故意的。可是他只懷疑地看了我幾眼，繼續放話說我家可能會收到帳單。這件事令人失望透頂。我很喜歡籃球，但如果教練日後都是這副德行，我想我最好還是另謀出路。排球隊那群人好像蠻酷的，教練還是我的物理老師，人看起來也蠻好。所以我就去參加選拔，加入了排球隊，事情就是這樣開始的。

紐西蘭絕對稱不上排球強國。我們是舉世聞名的「黑衫軍」（All Blacks）的家鄉，橄欖球才是我國國民運動。紐西蘭隊伍在美洲盃帆船賽、大英國協運動項目如板球和籃網球上表現出色，還有籃球（我們有史蒂芬・亞當斯！）、足球、高空彈跳、左賓球、哈比人等也很有名，排在這些後面，才是排球。

一九八八年，我坐在基督城家裡的沙發上，收看第一台（當時電視頻道一共只有兩台）轉播的漢城奧運男子排球決賽。記得我看著美國隊四盤擊敗俄羅斯，贏得金牌，我還想著：參加奧運，打奧運排球賽，然後拿到金牌，這整件事也太美好了。那時我還不知道，二十年後美國男子國家隊在我執掌教練兵符下，也收穫了同樣的成果。以我排球生涯實在不怎麼樣的起步來說，這是個相當不可思議的轉折。

我在一九九〇年來到美國打球，楊百翰大學錄取了我。在該校打球和當教練期間，我拿了三個學位：體育教育學士（主攻教練）、運動科學碩士（副修統計）和工商管理碩士（MBA）。

我在楊百翰大學打了三年排球。（來美國之前，我已在紐西蘭基督城坎特伯里大學讀了兩年。運動員在註冊成為全職學生後，美國國家大學體育協會〔NCAA〕給他們五年的時間完成四個賽季。）到異地生活本就不易，而我們球隊表現不是很好，讓新生活適應上更具挑戰性。我加入楊百翰的第一個賽季，戰績是二勝二十七負，不過後來情況漸入佳境。拿到學士學位後，我又打了幾年職業排球，先在芬蘭，後來到日本。雖然喜歡打球，但我知道長遠來說，打球無法提供我穩定的生活，所以在大阪象印Tuff-Boyz球隊的賽季結束後，我就不再打球，回到楊百翰大學開始攻讀我的第一個碩士學位，打算之後接著再讀博士。我也在楊百翰大學男子排球隊擔任助教，最初是想拿這份薪水供自己讀書，但我很快就發現，當教練對我來說是比純學術更好的路，所以決定再讀一個MBA。因為教練這一行有時候很難說，如果有個萬一，我覺得能有像MBA這樣貼近「現實世界」的資歷作為備案，會比運動科學和統計學穩當。擔任楊百翰大學男子排球隊助理教練期間，我們在一九九九及二〇〇一年，兩度贏得NCAA全國錦標賽冠軍。從當年的二勝二十七負戰績，我們還真的走了很遠。

一九九九年和二〇〇〇年夏天，我獲邀擔任美國青少年及兒童國家隊總教練，二〇〇一年，受邀在科羅拉多泉擔任美國國家男子排球隊助理教練，我接受了這些工作邀約。之後兩年，冬季我在歐洲帶領職業球隊（維也納熱火排球隊〔Vienna HotVolleys〕），夏季就協助美國男排隊訓練。二〇〇三年，我成為美國男排隊的全職助理教練，我們在二〇〇四年的雅典奧運拿下第四名。這是個得來不易，但十分令人心痛的結果。

雅典奧運之後，有人鼓勵我去爭取美國男排隊總教練一職。經過一番長考，我決定試試。很幸運，我得到了這個職位，之後我們還贏得二〇〇八年北京奧運。由於為美國男子隊設定的目標已全部達成，我便向美國排球協會（USA Volleyball）詢問，看是否能讓我擔任美國女排隊教練，協助她們備戰四年一度、將在二〇一二年舉行的奧運賽事。我想要來點改變，想到可以用帶領美國男排隊的風格來帶美國女子排隊，就覺得是個有趣的挑戰（當時美國男排隊已有三面奧運金牌，女子隊則還沒站上過奧運頒獎台的最高階）。最後，我如願領軍美國女排隊，我們也打了漂亮的一仗。挺進奧運時我們是世界排名第一的隊伍，最終在倫敦贏得銀牌。

二〇一二年奧運後，我決定離開美國排球協會，到明尼蘇達大學擔任女子排球教練。這次的異動是出於私人因素。幾年前我和太太組成家庭，倫敦奧運結束時我們有兩個孩子，大的兩歲半，小的六個月。我的職志向來是要做第一名的老爸，不是第一名的教練，而國際排球的世界是真的很嚴酷，不在家的時間很長。所以，感覺上在大學級別擔任教練，能讓我的生活更平衡，有更多家庭時間。畢竟，到印第安那州出差三天，比為期三十天的亞洲行容易對付多了。

我任教明尼蘇達期間，球隊交出了扎實的競賽成績單。我們三度打進NCAA聯賽四強，並數次贏得十大聯盟（Big Ten Conference）冠軍。二〇一八年，我獲選進入國際排球名人堂。這是一趟充實而成功的旅程。

身為球員，排球占據了我的心。我起步比大多數人都晚，也因此更急切地想要進步，想要成功。我得比同儕更努力練習，更努力學習，但並不真的知道該怎麼做。很幸運，我能來到美國，並就教於卡爾•麥高恩博士（Dr. Carl McGown）。麥高恩博士是排球教練，他之前曾是動作學習（motor learning）領域的教授，是他帶領我進入排球的殿堂，也讓我更明白有效且高效的訓練方法是什麼。

身為教練，排球占據了我的頭腦。它就像一幅永遠拼不完的拼圖，當中構成的小塊拼圖不斷在改變。研究所時期，我與卡爾一起擔任教練。服務於國家隊時，我得到雷維沙博士（Dr. Ken Ravizza）許多幫助，他是運動心理學領域的先驅，在心理素質的主題上有許多劃時代的洞見。我也很榮幸能與艾瑞克森博士（Dr. Anders Ericsson）有所交流，他是刻意練習（deliberate practice）與專門技術領域全球首屈一指的研究者。

與這些在各自領域傑出人士的相處，加上我自己獨特的經驗，以及我職業生涯中有幸共事的許許多多其他人的影響，讓我對如何通往競技上的卓越，能發展出一套更全面的方法。二十六年來，我帶領大學、職業，及國際級別的男女球隊，在競技成功上都發揮穩定水準，印證這套方法的效用。

如果我把這些原則和方法應用在不同的團體上都能收效，都能達到競技上的卓越，那我相信你來用也會有效。不管你是運動員，是教練，或只是單純希望更了解如何達到競技卓越的人，相信閱讀本書都能讓你有所收穫，並幫助你達成目標。

前言

什麼是冠軍行為?

本書的目的是助人。更精確地說，是要幫助那些想在運動領域取得重大成就的人。既然是**重大**，就意味著需要付出努力並勇於改變，進而超越目前的能力水準。

這是一本關於如何達成目標的實務指南，經由在賽場上達致卓越的過程，探討追尋卓越的藝術與科學。書中會引述研究報告，更重要的，會同時說明該研究在實務上如何應用，及其必須應用在實務上的理由。本書也探討運動的人性層面，運動帶給我們的個人挑戰和人際連結，以及從這兩者而來的長足裨益。這也是運動之所以美好的原因。

在運動領域通向成就的路徑，其實還需要更清楚的定義，在教練工作和技能發展方面尤其如此，這也是本書寫作的初衷。首先，單從學術觀點來看，教練這一行並沒有按部就班的教育養成之路。目前全美五千三百所大專院校中，在大學部開設相關學程的僅有五十七所[1]，由此不難想見，為何教練這一行往往相當倚重傳統。以前當選手時教練怎麼帶，當了教練以後就依樣畫葫蘆，而不去借鏡目前的最佳實踐（best practice）及經過科學嚴謹驗證過的訓練方法。誠然，傳統很重要，也應予以尊重，但傳統絕不該是我們據以行事的理由，除非那是正確的理由。

我們對老師有嚴格的學術要求，沒有大學文憑和專業證書，就別想踏進教室一步。但我們的教練，可能從來沒接觸過生物力學或運動科學相關知識，也沒受過體育教練工作或教學相關訓練。事實上，他們唯一具備的資格，可能是自己曾經從事該項運動，也許還是當中的佼佼者，然後不知道為什麼，好像這樣就夠了。

假如你是教練，閱讀本書可能會觸動一些想法——這正是我的目的，讓人動動腦，思考一番。我不會跟你說什麼是對什麼又是錯，但我會告訴你有哪些有效且高效的方法，是你應該列入考慮的。如果你是運動員，在技能的取得和應用過程上，本書能提供一些架構，讓你更了解如何面對練習、學習以及競技的時刻。若你是運動員的家長，在孩子的運動上投注了時間和金錢，本書能幫助你更準確地評估你花錢換來的服務，並且對於運動能在你家年輕運動員的生命中增添的重要價值，也會提供一些觀點。

我以**冠軍行為**為本書書名，因為得先有冠軍的行為，才能產生冠軍的結果。就是這麼簡單。想在運動的世界登峰造極，行住坐臥就得先「像那麼一回事」。假設我想登上月球，但沒準備好要付出成為太空人所需付出的巨量努力，那麼對我而言，登陸月球就不太可能了，這還是客氣的說法。若你想在運動領域有一番作為，對於邁向賽場上卓越表現和成就的過程，本書將提供一套定義清晰的架構，適用於所有年齡層、所有級別的選手。

首先，我們大略談一談運動在這個社會的價值。英文中，運動搭配的動詞是play，但這個時代好像沒多少人是用遊戲的心態來運動了。運動漸漸從娛樂和消遣變成一種事業，一種幾乎全看結果決定的事業。如果聚焦在競技體育，先不討論健康產業或運動賭博產業，可以說，幾種主要的職業運動在創造收益上能量驚人。這種在運動領域名利雙收的夢想，扎扎實實地往下滲透到各類運動的較低級別。少數職業運動員以數億美元的價碼簽下數年合約；更少數的奧運金牌選手，運用自己在體育上的成功，拿到獲利豐厚的代言合約。如此等級的運動成就確實了不起。這些運動員奉獻出青春歲月，成為體育成就與成功的代表，也成為每個人嚮往的標竿。他們是運動美夢成真的化身。

但你的美夢怎樣才能成真？那些人是如何擁有爐火純青的技術，在賽場上所向披靡？他們是天縱英才嗎？還是有人幫忙？如果有人幫忙，是誰？這些問題沒有簡單的答案，但可以確定的是，在追求競技卓越的路上，運動員和教練都有自己的角色要扮演，而那個美夢，不管實現的機率有多渺茫，常常會成為年復一年訓練及競賽的重心所在。

---

1 作者註：根據BachelorsPortal.com網站二〇二二年的資料。

這些訓練和競賽都是要付出成本的，而這些成本至少包括真實成本和機會成本。

圍繞著這個運動大夢的一套說法，是主張務必在兒少運動階段就取得好的開始，而且愈早愈好。要是起步晚了，你這輩子就沒機會了。少了兒少運動幾年的訓練和經驗，要進高中校隊、美國業餘體育聯合會（AAU）或俱樂部球隊就很困難。反之要是能擠進這些隊伍，便能大大提高獲得大學錄取的機會。其他可能還有些關於私人課程、肌力與體能訓練，或速度與反應訓練的討論。如果能進到對的大學（所謂「對的」，包含了對的NCAA級別，對的聯盟，或對的學校、學程，或跟到對的教練等），那麼打入職業或參加奧運的機會就會提高。

所有這些不同級別的教學和比賽都要花時間花金錢，於是運動變成一部巨大的經濟引擎，裡面有許多方可以獲利。但運動員呢？我們怎麼知道他們是不是在正確的軌道上，朝著在運動領域出人頭地的應許之地邁進？這些運動員的教練怎麼曉得自己有沒有用上最有效且高效的訓練法，帶領自家運動員達到重大成就？本書會試圖回答這些問題。

在運動領域如何達到競技卓越，目前還沒有全面而系統性的流程架構；教練、指導或比賽的品質是否值得你花的錢，客觀的評估方法也付之闕如。除了夢想之外，到底大家推銷的是什麼？我想所有人都相信，或者被誘導著去相信，自己在所有這些不同級別中投入的時間和金錢，能幫助自家運動員往下一個級別邁進，在通往功成名就的梯子又進階一級。都說兒少運動學程是通往高中與AAU／體育俱樂部最佳敲門磚，又說高中與AAU／俱樂部是選手養成、曝光的最佳舞台，站上去獎學金就手到擒來。還說獎學金不但提供你免費教育，更是成為職業選手或進軍奧運競技場的最佳育成環境。

我們來看看實際數字。不只要看轉職業的機率，也看看投資報酬率究竟如何。投資兒少、高中校隊或AAU／體育俱樂部，得到的第一筆可能的財務利益是NCAA大學獎學金。很多人以為所有NCAA運動員獎學金都是全額獎學金，含括學生運動員的學雜費、書本費、食宿費用，還有全年估計總費用下的零用金。實際上，有些運動只提供全額獎學金，但提供全額或部分獎學金的運動項目也不在少數。

以所有運動項目來看，高中校隊或AAU／體育俱樂部成員，將來能藉著參與大學校際賽事領到某種體育相關獎助學金的機率約為二％，這是根據NCAA網站提供的資料。這個數字並不都是全額獎學金，還包括任何形式的體育相關獎助金。所以有可能學校方面只幫學生運動員出書本費，其他財務負擔仍舊落在運動員或其家庭肩上。NCAA第一級別和第二級別的學生運動員，平均每年領到的體育相關獎助金金額約在一萬三千美元左右，NCAA第三級別的學校則不提供體育獎學金。[2]

講到這也得提一下，在阿爾斯頓對NCAA所提訴訟案件（*NCAA v. Alston*）[3]之後，如今學生運動員可以經由其姓名、影像及肖像獲取報酬。ＮＣＡＡ的規則變更和高等法院的裁決，是大學體壇相當晚進的發展，適用與執行方面的細節尚不清楚。不過比起本書所依據的最新ＮＣＡＡ獎學金資料（收集於二〇二〇年）時期，目前確實有更多學生運動員藉由大學運動賺到錢，這是不爭的事實。

接下來看看轉職業的機率。以ＮＣＡＡ大學美式足球為例，被選進職業球隊的機率是多少？根據二〇二〇年ＮＣＡＡ這份研究，參與大學美式足球競賽的球員接近七萬四千名當中符合選秀資格者約有一萬六千四百名，但最後ＮＦＬ（美國國家美式足球聯盟）選出的僅有二百五十四人。也就是所有ＮＣＡＡ美式足球球員中，有一．五五％符合選秀資格，而真正被選入職業球隊的，僅有〇．三四％。

到了ＮＣＡＡ籃球，轉入職業的機會更為渺茫。男子部分有將近一萬九千名球員，其中符合選秀資格者大約四千二百人。而ＮＢＡ（美國國家籃球協會）每年平均選出五十二名ＮＣＡＡ運動員。（共選六十人，另外八個名額通常來自大學級別以外，例如國際球員或高中畢業生。）在所有符合資格的運動員中，選入職業球隊的機率是一．二四％，而且全部ＮＣＡＡ男子籃球運動員中僅有〇．二七％入選。

ＮＣＡＡ女子籃球員約有一萬六千五百名，其中符合參賽資格者三千七百名。ＷＮＢＡ（美國國家女子籃球協會）選出的三十六名新秀中，ＮＣＡＡ大學運動員占三十一名，其他五名則與男子選手一樣，選自大學系統之外。也就是每年選入職業球隊的選手，在符合資格的選手中占〇・八四％，在所有NCAA女子大學籃球員中，占〇・一九％。

這是從大學進入職業的機率；從高中進入職業的機率又要更低。再看NCAA二〇二〇年的資料，以美式足球為例，全美高中美式足球員有一百萬零六百一十三人，其中能錄取進入NCAA美式足球（共三個級別）的有七・三％（或說七萬三千七百一十二人），能進入第一級別的有二・九％（二萬九千零一十八人）。先前說過，能選入職業球隊的，在符合選秀資格的運動員中只有一・五五％，在所有NCAA美式足球球員中更只占〇・三四％。換算下來，高中美式足球球員一百萬零六百一十三人的初始族群中，僅有〇・〇二五％會被NFL選上，亦即大約每三千九百三十九名選手中會有一人入選。

即使入選職業球隊，要成為「成功」的運動員，還得克服重重挑戰。選上就只是選

2 作者註：https://scholarshipstats.com/average-per-athlete。

3 譯註：此案是由前西維吉尼亞大學美式足球員阿爾斯頓與其他多位運動員提出，二〇二一年美國最高法院判決NCAA對大學運動員獲得教育相關津貼的限制違反反壟斷法。此判決結果對大學運動員來說是一大勝利。

上而已，還有很多其他資訊是資料中看不出來的，例如某球員在聯盟中待了多長時間，或者他們的收入是數百萬美元還是聯盟最低薪資。

如果這是現實，那夢想的狀況如何？另一份NCAA二〇一九年的研究指出，受訪的大學美式足球運動員中，四十一%相信自己「有點可能」或「有可能」被選入NFL。同一份研究也指出，這些運動員在兒少運動時期，就接觸過關於運動員功成名就的那套說法。事實上，六十一%的NCAA美式足球運動員表示，小時候家人跟他們說過，長大要進大學校隊；三十一%表示家人曾表達希望他們能踢職業美式足球的期待。這些對孩子來說，實在太沉重。

說到這我們應該停下來，看看進入NFL的機率在認知和現實之間，到底存在怎樣的巨大落差：四十一%的大學美式足球運動員認為自己至少「有點可能」被選上，但真正被選上的只有〇．三四%，即大約三百人中有一人。大約三分之一的家庭曾表達希望家中兒少運動員打入職業美式足球的期待，但事實上高中球員（還不是兒少球員）進入職業球壇的機率，大約是四千人中有一人。這是極大的落差。

這又造成了下一個需要關心的狀況，雖然不在本書討論範圍，但我認為值得一提，即運動員所受的連帶傷害：這個人的童年全部耗在運動上，最後卻沒能達成別人答應過他或期待他能做到的成果，成為職業運動員。即使家人從小時候就支持他，告訴他成為一名職業選手是有可能、甚至很可能的結果，他還是沒做到。正如我們所見，做得到這點的運動員比例極低。但沒人告訴過他這回事；他不知道一直以來，機會都不站在他這一邊。他自覺失敗，覺得辜負大家的期望。也許之後他會開始怨恨，恨自己投入了那麼多，犧牲童年，可能還犧牲了身心健康，卻沒得到別人承諾過他、或對他說他值得獲得的報償。這些運動員可能會變得憤怒，怨天尤人——但這能怪他們嗎？失去的青春討不回來。追逐運動大夢可能造成身心與情緒的真實傷害。

對少數人而言，夢想確實成真了，但數字告訴我們這並不容易。雖不是毫無希望，但機會不大。因此，若再次回頭檢視參與競技體育所花費的大量成本和時間，那麼我們該如何定義、如何決定運動的價值？如何計算投資報酬率？我不會假裝這些問題我全答得出來，但本書對運動卓越的過程，將給出一個明晰的架構。這個以原則為基礎的架構，能幫助你提升本身的運動表現，或幫助你在教練工作上更得心應手，或者讓你能更客觀地評估你花錢換來的服務。

運動在勝負之外，還有重要而真實的價值，這點無庸置疑。運動是很好的社交活動，藉著運動可以交到一輩子的朋友、營造強烈的社區歸屬感，對身心健康也多所裨益。但我相信運動最大的價值，是它能作為傳授生命技能和生命課題的機制。追求運動上的卓越，與追求生命中的卓越，這兩者如此相似，共同點之多令人難以想像。從運動可以學到苦幹實幹和努力不懈的重要，學到溝通、團隊合作和領導力，並學到如何與人競爭、情緒控管，如何面對成功和失敗。此外，你可以在運動的世界裡犯錯，從這些錯誤中學習，代價往往比你在「真實世界」中付出的要小。

大家都知道活動身體好處多多，然而現今與運動相關的行銷，絕大部分是針對讓大家坐在自家沙發、欣賞其他運動員比賽所設計。如果大家從沙發上站起來，捲起袖子下場比賽呢？我認為這不但可能，而且必要。身為球迷，跟身為該運動的積極參與者，這兩者並不互斥。舉例來說，與其在虛擬世界打球，何不到真實世界來打，並享受真正運動才能帶來的身、心和情緒上的好處？與其掏錢買支持球隊的新球衣，何不用這筆錢去報名地區球隊，下場與人較勁？上衣背後與其印著別人的名字，何不印自己的？大家在把時間和金錢投資到別人身上之前，應該先考慮投資自己。

運動也帶來深層的滿足感。除了能精益求精、與人一較高下，感受團隊情誼和學習生命課題之外，運動本身也很愉悅，很有趣。其中帶來滿足感最深的層面，就是能朝著目標努力，最後達成目標。運動給我們把某件事做到最好的機會，而要達到目標，就必須在訓練方法中，運用科學方法嚴謹驗證過的原理。這些以原理為基礎的訓練法，使運動員在追求競技卓越的過程中，把達成目標的機會提升到最大。

講到原理，就不能漏掉已故的安德斯．艾瑞克森（Anders Ericsson）的研究成果，他是國際公認的專業技能[4]研究權威。多年前在美國奧委會（USOC；納入帕拉林匹克運動會改為USOPC／美國奧林匹克與帕拉林匹克委員會）大會上結識安德斯後，我與他便成為莫逆之交。在「刻意練習」（deliberate practice）這個詞彙開始頻繁出現於主流討論後，安德斯在專業技能領域的開創性研究，也更廣為人知並被普遍接受。（刻意練習指的是一種極度聚焦在進步過程的練習方式。）他的研究成果在運動領域的應用，是我和安德斯經常討論的話題，也是他的刻意練習概念與專業技能原則應用之廣的又一明證。

安德斯最初的研究，多與音樂與記憶等活動上的技能學習有關。這些實驗中的學習者，帶著專注和意圖努力練習，同時接受專家的指導。結果他們在各自領域的技能和專業水準都提升了。刻意練習和表現提升之間的因果關係相當明確。

假設你努力要記住一串串的隨機數字序列，在專注練習和專家級教練協助下，開發出了能助自己達成目標的新心理策略，那麼你付出的努力就直接轉為成果。你會進步，也可能更接近、甚至達成原先設定的記憶成果目標。但在運動領域，「刻意練習」在努力和成果之間的關聯，並沒有那麼強。

4 譯註：艾瑞克森的研究對象為醫學、音樂、西洋棋和體育等領域的傑出人才。

不同專項的運動，挑戰也各自不同。比方說，目標是贏得百米短跑，你可以拚了命練習，但絕對無法保證能贏。你可能起跑犯規被判失格，也可能那天特別不舒服、特別累或特別緊張，或者你的對手比你強——可能那天他比你強，也可能不管哪一天他都比你強。

而在團隊運動項目，付出與成果之間的關聯又更模糊了。也許每天練習你都第一個到、最後一個走，認真到不行，然而這不表示你們那隊就會贏。如此敬業的態度，也許有助增加你上場的機率，但也不保證你就一定能上場。所以，那麼努力到底為什麼？

多年來我與安德斯的討論，便圍繞著這個問題。如果刻意練習是發展出專門技藝的最佳途徑，那麼該怎麼建立一套方法、一種文化，才能充分支援要在運動領域達到重大成就所需付出的大量身體、心理和情緒方面的努力？尤其在我們不能保證成果，甚至連能不能上場都無法保證的時候？這些問題，就是本書試圖要回答的。

這裡可以先透露一下，答案就在專注而刻意地盡最大努力，把你做的每件事都盡可能做到最好。這個觀念與當今社會風氣似乎背道而馳。現今這個什麼都要比的世界，愈來愈重視結果——尤其重視要贏，程度嚴重到只要沒贏，往往就快速判定為失敗。這種對結果的過分重視，導致有些人一旦沒能獲得想要的結果，就兩手一攤，從此對這項運動敬謝不敏，免得自己看起來很蠢或很遜。好像都全力以赴了還只拿個第二，是天大的難堪。我無法認同這種態度。運動有那麼多身體上、心理上和社會上的好處，是值得一輩子努力從事的。無論我們再怎麼想贏，也不可能每次都贏啊，所以運動絕不只是輸贏而已。

假如你決定走競技的路，就得接受早晚可能會輸的事實。這算是一種職業傷害吧。但你如何處理「輸」，其實至關重要。你可以發頓脾氣，可以怨天恨地、確保問題不在自己，也許還可以來場取暖討拍大會。或者，你也可以為自己的表現負起完全責任，從經驗中學習，然後在下次上場時表現得更好一點。這兩者你必須擇一。但我覺得，如果矢志走上追求競技卓越的道路，那麼竭盡努力、學習、改變，在比賽中全力以赴，並試著使身邊的人都呈現他們最好的一面，才是健康得多，有益得多，也享受得多的做法。

邁向競技卓越的過程中，若有教練在旁輔助，會更加事半功倍。書中稍後我會談到「從比賽裡學習比賽」，但老師能加快學習速度是無庸置疑的。安德斯在「刻意練習」中使用的是「專家級教練」（expert coach）一詞，但本書的目標讀者不只是專家，故本書中對教練的定義為：此人是相關知識與資訊的可靠來源，在教練與教學上採用依循原則的方法，和具有誠信正直的操守以及協助運動員的正確動機。

教練是一份有挑戰性且勞心勞力的工作。但它不只是工作，也是一種生活型態，還伴隨著協助他人的重責大任。表面上看起來，教練工作似乎帶著神祕感，好像有某種魔力，因而成功的教練幾乎都神格化，順帶也將他們採用的任何訓練方法都視為正常——不管那是正面而鼓舞人心的方法（例如約翰．伍登[5]），還是負面而傷人的方法（很不幸，這種教練的例子不勝枚舉）。我說過，運動是教授人生課題的絕佳媒介，而教練應該對自己擔負的這種雙重使命甘之如飴。他們在帶領球員走向卓越時，應採取健康全面的方法，這也是大家對教練這一行要接受、也應該期待的部分。

也許，對職業運動員以及參加奧運、世錦賽、世足賽的選手而言，應該不計代價求勝。但即便如此，因為個人或團體求勝心切，反而與目標失之交臂，最後甚至對運動員造成連帶傷害的例子，我想也所在多有。功成名就沒有捷徑，唯有採取有效且高效的方法好好努力，而這些以原則為基礎的方法之所以威力強大，正是因為它們有用。它們能讓你進步。

我曾以選手和教練的身分經歷過追尋卓越的過程，我對過程中雙方的角色都能理解與同理。對運動員而言，要有所成就便必須擁抱改變，但這非常不容易。要試著面對失敗，把失敗看作資訊而不是對個人價值的評判，也很困難。大家都求好心切，感覺自己在退步時，儘管別人告訴你將來會漸入佳境，仍然需要極大的信任、信念與耐心。學著在每次練習時都帶著做出改變的念頭和計畫，在比賽時把這些心得應用在場上，這就是關鍵所在。

教練則必須接受，不一定每次都能帶到五星級的球員，但只要自己能做個五星級老師，就可能彌補部分、甚至全部的不足。教練在週末時做的是教練的工作：制訂比賽計畫、戰略，叫暫停，作換人的調度等，但一週中的其他五天，應該要做老師的工作。所以，球員的責任是訓練、學習和競技，教練則必須教學（teach）、訓練（coach）、引導（mentor）。如果這三項技能中得精通一樣，那就是教學。在我經驗中，如果教得對，其他部分自然會水到渠成。

我相信教練工作中，教學這部分是進步空間最大的。科學已經證明，運動員的最初能力與其最終能力間的關聯其實很低。在二〇〇九年的研究中，安德斯也得出相同結論：「首先，也最重要的是，要預測最終哪些人會達到專家級水準，是非常困難的。」[6] 換句話說，運動員的生涯起步如何並不重要，重要的是如何結束。也就是運動員本

---

5 譯註：John Wooden，美國籃球教練，曾率領加州大學洛杉磯分校（UCLA）籃球隊在十二年內，十次獲得NCAA冠軍。

6 作者註：K. Anders Ericsson, "Enhancing the Development of Professional Performance: Implications from the Study of Deliberate Practice," *Development of Professional Expertise Toward Measurement of Expert Performance and Design of Optimal Learning Environments* (Cambridge University Press, 2009). p. 406 (entire article is Chapter 18, p. 405–431); DOI: https://doi.org/10.1017/CBO9780511609817.022。

身工作、學習的能力，加上教練的輔助，及其原本具有的天賦和能力，最終決定了運動員能走到哪。

為了進一步說明，在此引用教育心理學家布魯姆（Benjamin Bloom）的研究。布魯姆想知道，在音樂、雕塑、運動，數學及科學領域的頂尖人士，是如何於各自領域中獲致如此的成功。他和同事挑選了一百二十名資賦優異的年輕受試者，對其詳加研究，以了解才能是如何養成。

布魯姆的團隊訪談這些高成就者和他們的父母，有時也訪談教練和老師。他們聚焦在各專門領域的相似點，跨領域分析資料，得到相當有趣的結果：

> 後來「成功」的孩子，並不總是一開始看起來最「有天分的」。很多父母都說，其實他們另一個孩子的「天生能力」比較強。大部分父母都表示，在某領域成就較高的孩子和兄弟姊妹的不同處，在於他們願意努力，並渴望出類拔萃。不屈不撓、不服輸和熱切，也是父母親常提到的形容詞。[7]

所以「優秀者」並非與生俱來，而是後天造就，他們的成功是天分加上努力。倘若我們把這個科學證明照單全收（我們也應該如此！），那麼用來幫助他們變得優秀的方法，應該依循什麼樣的準則呢？

教練必須擔負老師的教學職責，而我們往往傾向用以前被教的方法教人。但有效的教學，需要一套以科學嚴謹驗證過、清晰定義過的教法，用這個方法來呈現並教導你們那項運動的基本技巧和機制；也需要一個架構，描述在邁向競技卓越的過程中，運動員及教練可依循的有效途徑；最後還需要一套教和學的方法，按部就班，藉由控制好過程中的大量可控因素，提高表現的水準與穩定度。這會大大提升你競技成功的機會。通往傑出的路上沒有捷徑，但有很多可以提高效率的方法。這是本書與眾不同之處，我們揚棄傳統方法的神祕，取而代之，提出一套以證據為依歸，在各年齡層、各級別都可轉換、可適用的方法。

一般認為天賦有兩種，一種是固有的，一種是發生的。固有型天賦與生俱來，比方身高。不管你怎麼努力想變高，恐怕都是白費苦心。你長到多高，就是那樣了。假如你有七英尺高（約二百一十三．四公分）或更高，這個固有天賦可能會讓你非常吃香，甚或替你賺進大把鈔票，尤其如果你選擇到NBA發展。發生型天賦是你所擁有、且可經由意圖及努力加以改變並進化的天賦。比方我天生的肌肉組成以快縮肌纖維為主，但經

7 作者註：Benjamin S. Bloom (Editor), *Developing Talent in Young People* (New York: Ballantine Books), 1985, p. 473。

過練習及技能訓練加以開發，可能讓我成為世界級短跑選手。基本上，你無法改變的天賦是固有的，你可以改變或開發的則是發生型天賦。

以取得重大成就為目標來開發天賦，需要堅定不移的投入。意志薄弱的人，無法成為自己所能成為最好的樣子，因為卓越是靠努力贏來，不是從天而降。通往傑出的路上沒有捷徑，只有一步一腳印的努力，問題就是一步一腳印說起來容易，做起來難。

好消息是，「努力」是可以學的，而且「怎麼學」也是可以學的。努力和學習不是固有，而是發生型天賦，運動員在努力和學習的過程中，往往會開始對進步的過程上癮。我說過，以原則為基礎的方法，優點是它們有效，運動員付出努力之後產生進步；看到自己的進步，他們就想要更努力、學更多，然後呢？他們又進步了。搓揉起泡，以水沖淨，重複以上步驟。

這個漸進的進步過程很重要，因為隨著你在任何運動的食物鏈上一步步往上爬，長時間穩定執行該運動基本動作技能的能力，就變成優劣的決定性因素了。重要的不只是身體上的天賦和能力，技能精熟度（technical mastery）和可重複性（repeatability）也很要緊：要成為競技場上的常勝軍，長時間維持高水準表現是關鍵。假如你接觸某運動時間不長，只要你能以還不錯的執行水準（level of execution）執行某特定技能，五次中有四次成功，也許就能贏得地方上的休閒運動聯盟比賽。但想要贏得該項運動的奧運金牌，可能就需要完美執行該項運動技能，且一百次中必須有九十九次成功。這些執行水準和可重複性上的差異看起來似乎不大，實際上卻有巨大的差距。不管最終的成果目標為何，基本技能精熟度在這兩個層面都很重要。你的技術信心跟你的技術能力有關，而你的技術能力又取決於你的競技環境的需求。

達到競技卓越的過程從兩個問題開始：**是什麼**和**為什麼**。我們希望達成的是什麼？為什麼我們想要達成？接著才進入**怎麼做**的問題，在這個部分，我們會詳細解釋技能習得與技能應用所需的以原則為基礎的架構。最後，就是結合所有身體、心理及社會元素，以達到競技上的卓越，完成這個目標。

傳統訓練方法多是分開處理進步及成就的組成元素：用練習提升技術，用鍛鍊加強身體能力，與運動心理學家對談以強化心理素質，玩玩信任遊戲來增強團隊默契等。說起來似乎沒有什麼錯，但我發現這並不是獲得成就最有效也最高效的方法。我相信，採取更全面通盤的做法，將更能創造綜合效益，進而能有更穩定的發揮和更佳的成果。這也是本書的重點：為運動成就的過程提供一個架構，這個架構結合身體（技能／作戰系統的習得與應用）、心理（學習／認知控制）與社會（領導，教練／教學及文化）元素，這些元素是幫助個人及團隊追求競技卓越，並在運動領域建功立業所不可或缺。倘若我們能在所有這些元素的中心點運作，成功機會就能提高。

所謂在中心點運作，看起來是什麼樣子呢？二〇〇四年，我擔任美國國家男子排球隊助理教練。我們是支實力堅強的隊伍，在雅典奧運表現亮眼，可惜最後只拿到第四名，大家都很失望。其實，如果賽前有人告訴我們，說我們能打到四強，我想大家都會頗感振奮的。失望的原因是我們沒能抓住機會，站上頒獎台。不管在四強戰或銅牌戰，我們都沒能拿出最好的表現，與奪牌那麼接近，最後卻空手而回，確實很難承受。

雅典之後，有人鼓勵我去爭取美國男排隊總教練職務。在此之前，我只領軍過一支歐洲職業俱樂部球隊，從未在美國擔任任何隊伍的總教練，所以經過一番長考，才決定投入。我先花了許多時間檢視當時訓練方案的狀態，擬訂計畫，試圖找出二〇〇八年能讓我們站上頒獎台的最佳機會在哪裡。我在歐洲帶隊時有個發現——美國選手的競技能力普遍很受激賞，不愧是排球運動的發源地。我初到美國時，也必須努力提升自己的競技能力；但在紐西蘭打球的時候，我就已經很有團隊概念，尤其知道讓大家同心協力的祕訣。我漸漸能看清，倘若個別球員的競技能力特別優越，只要能打造一支高功能團隊與之結合，我們就有很強的競爭優勢。我們可能在團隊表現上勝過其他隊伍。

不過要做到這點可非易事。分散我們運動員注意力的事物很多，要從第四名往前進，站上頒獎台，我相信需要投注比以往都更高的專注度。國家隊對我們的運動員而言非常重要，但他們各自所屬的職業俱樂部球隊又何嘗不重要，事實上一年中他們待在職業球隊的時間更長。而且在那邊，教的不是我們國家隊的文化，不是我們的技術和作戰系統，而是他們的！所以當務之急，是要建立某個東西，能夠支配我們球員對排球注意力的某個東西。要記得，大多數人參與團隊運動的原因，是他想要完成單靠個人無法完成的事。我們要做的，就是打造能滿足並支持這個需求的環境。

我們二〇〇四年的隊伍技術面精湛，場上表現很不錯，但算不上一支高度凝聚的球隊。這是由一群技術高超的球員，組成的一支僅是「差強人意」的團隊。要成為我們所能成為最好的樣子，我們就必須變成「高功能」團隊，也就是「由一群目標明確，技能上各

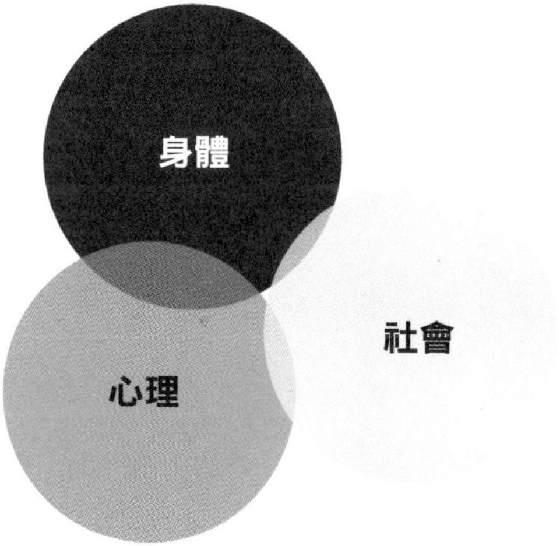

有專精又彼此互補的個人組成，一同協作、創新，穩定產出優異結果」的團隊。[8] 二〇〇四年的隊伍還缺少某些連結、某些行為，以致無法發揮出個人及團隊的最佳表現。以剛才提到的中心架構而言，我會用以下圖示來描述二〇〇四年的隊伍：

要創造奪得金牌的機會，就得改變這個隊伍的投入程度。但首先，我必須對自己作出幾個承諾。基本上，我要相信自己能扮演好教練、老師及指導者的角色，進而協助選手提升他們的技術實力和心理掌控能力；我要相信自己能打造出團隊文化，在其中大家有共同的目標，互敬互重；我要相信自己是能使整個球隊欣欣向榮的那種教練。這些我都得做到。

我知道隊裡會有一些球員異動，但應該不多，畢竟美國男子排球人才庫也不大。我必須弄明白，以我們現有的球員，應該如何教導他們，如何連結他們，才能打造出一支高技能、高功能的勁旅。

到了二〇〇八年奧運，經過許多的努力，技術技能、心理掌控及文化都已齊備，美國隊位於這三大支柱的中心：

我們取得的成果說明了一切。不管你是教練或是運動員，應用本書中提到的所有競技卓越要素，學習在三大支柱的中心點運作，你在你的運動領域就能從「差強人意」，提升到「你所能成為的最好樣子。」

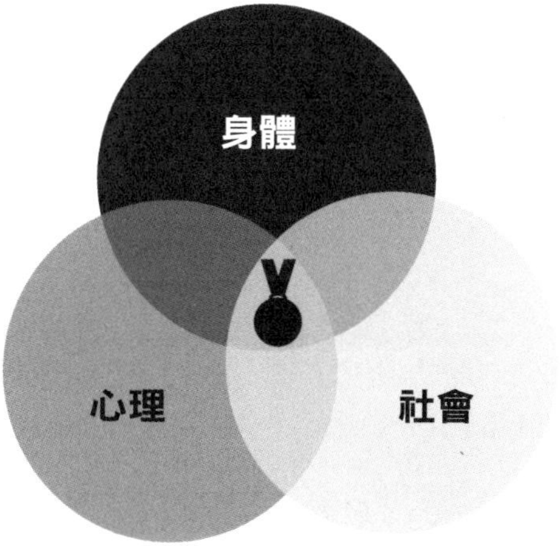

8 作者註：美國人力資源管理協會（Society of Human Resource Management）所下的定義；https://www.shrm.org/resourcesandtools/tools-and-samples/ toolkits/pages/developingandsustaininghigh- performanceworkteams.aspx.

PART 1

基礎

FOUNDATIONS

想在運動領域闖出一片天，必須從明確的方向和堅定的意志開始，藉由回答以下兩個問題，可以釐清這兩點：「我希望達成的成果目標是什麼？」以及「我為什麼想這麼做？」**為什麼**和**是什麼**一樣重要，回答了這兩個問題，才能幫助你決定**怎麼做**。知道你的運動員或團隊所渴望的目標結果，並了解推動這一渴望的背後動機，才能決定所需的技能及執行水準，也才能找出自己的競爭優勢，集中力量開發並執行必要的冠軍行為。

1 冠軍的目標設定

目標和目標設定是老生常談了，但其巨大的力量和價值，我絕對可以作證。研究上也有大量實證可證明目標設定對於成就的影響。一九六〇年代中期，美國心理學者洛克（Edwin Locke）與布萊恩（Judith Bryan）進行實驗，把受試者分成兩組，給定某任務，要其中一組把任務「做到最好」，但要求另一組在著手進行任務前，先為自己的表現設定目標，然後再開始。結果，目標設定組在所有實驗中都完勝「做到最好」組，從無例外。[1]

設定目標的方法很多，其中有個簡單又有效的方法，稱為目標設定的SMART模型，指的是目標必須明確（Specific）、可衡量（Measurable）、可達成（Achievable）、務實（Realistic），且要有時間限制（Time-bound，指目標達成需有明確的時間架構）。為了使達成目標的機會極大化，你設定的目標應該符合以上這幾個條件。

清楚自己的目的地，並且知道要怎麼做才能到達那裡，對於個人和團隊全心投入競技卓越的過程非常有幫助。目標清晰度又與目標達成密切相關，因此，我們需要定義，需要努力投入的目標主要分為三類：成果目標、任務目標，及每日目標。如果冠軍的結果有賴於冠軍行為，那我們也得先設定冠軍的目標。

成果目標

《千面英雄》（*The Hero with a Thousand Faces*）一書的作者，神話學大師坎伯（Joseph Campbell）說過：「人一生的特權就在於做自己。」（"The privilege of a lifetime is being who you are."）這句話深得我心，我在不同場合也曾多次引用。你只能是**你**，既然如此，何不勇於做夢、勇敢逐夢？我深信，我們真正能做到的，都比我們以為自己能做到的多。我們只知道自己是誰，而這裡說的是我們敢於成為什麼樣的人。成果目標應該別具意義，應該是超越你目前能力範圍的某樣東西，你應該清晰而正確地敘

1 作者註：Edwin A. Locke and Judith F. Bryan, "Goal-setting as a determinant of the effect of knowledge of score on performance," *The American Journal of Psychology*, 1968; 81(3), 398–406. https:// doi.org/10.2307/1420637.

述你希望達成的目標。

我說「希望」，是因為在競技運動的等式中，我們能控制的變數就只有「那麼多」。十八世紀的英國詩人波普（Alexander Pope）說「希望長存」[2]，但是希望的陰影裡潛藏著恐懼和失望的可能。通往成就的路很艱辛，過程中我們必須努力不讓恐懼乘虛而入，努力保有希望的火苗，因為在必然會經歷的難關中，只有希望能引領我們安然度過。

二〇〇五年時，我們都同意美國國家男子排球隊的目標，是成為二〇〇八年北京奧運冠軍。這對我們而言是遠大的目標，位於可達成和務實這兩個條件的邊緣。雖然我們不太可能成為奧運冠軍，但不是不可能。大學排球隊的成果目標，可能是成為聯盟冠軍或全國冠軍。高中校隊，也許是成為州冠軍。校內球隊的目標，可能是贏得冠軍T恤。依據級別不同，成果目標可以隨之調整，但同樣都必須奠基於現實，或者奠基於可能性，必須要能夠達成。

此階段的另一要務是找出自己的競爭優勢。你或你的隊伍與眾不同的地方在哪？大家都想拿冠軍，你擁有什麼技能或能力，或者你能習得或開發了什麼能力，能把你跟其他所有人區隔開來？你的「主要武器」是什麼，它真的能讓你脫穎而出、達成目標嗎？要能堅信自己做得到，必須先找到自己的競爭優勢，並善加利用。

在體育世界，最常見的目標是W——也就是贏（win），這我了解。州冠軍、全國冠軍、世界冠軍、奧運冠軍，每個人都想贏，但不是每個人都準備好要卯足全力、極大化自己贏的機會。以教練為業的人，球隊贏球與自己的工作保障息息相關，所以對職業球隊教練的職務描述大概可以濃縮為一個字：贏。相較於輸，我當然也比較喜歡贏，但我認為，把輸贏當作成功的唯一定義，對你個人和你帶領的運動員而言，反而是一種傷害。目前我擔任大學排球隊教練，我相信教練們有責任用更全面的角度去定義球隊的成功。我認為我們不該只追求贏，而要追求競技上的卓越，所以目標應該是要拿出自己最好的表現，然後希望能贏。每次踏上球場，都應該設法贏得比賽，但我們同時也要兼顧學生運動員課業上的卓越及其個人生涯發展。

贏當然好，肯定比輸好，但贏的同時也可能讓人對一堆問題視而不見。贏球後，人的內省力很難達到輸球後的水準。贏球很可能使你錯失學習和成長的契機。同時，如果你是在一般的聯盟打球，只要優於一般水準你就會贏了。我不想把生命投入在對「優於平均」的追求上；我想要追求的是卓越。當你堅定志向追求卓越，並對整個過程及隨之而來的結果承擔完全責任，你就選擇了由自己來定義自己。要是你讓輸贏的結果來定義

2 譯註：原文為"Hope springs eternal."。用來表達雖然某事發生機率頗低，但你依然抱著希望。

你，就等於讓你的對手來定義你。你努力的目標是強到可以勝過他們，就等同於是他們設定你的競技水準，而不是你致力於成為你能成為的最好樣子。對訓練和競技而言，這樣的心態都是非常畫地自限的。

我母親常說：「沒有夢想，就永遠不能美夢成真。」她是用自己的話，詮釋羅傑斯與漢默斯坦（Rodgers and Hammerstein）[3]的音樂劇《南太平洋》（South Pacific）中一首歌的歌詞。不管此話原始版本為何，終歸很有道理。我們都應該做做夢，就算做個大的夢又何妨！但要記得，這必須是你自己的夢想，而不是別人替你做的夢。

任務目標與每日目標

建功立業的過程需要投入大量時間與努力，這就是任務目標與每日目標派上用場的地方。任務目標是以技能或作戰系統為中心的目標，以籃球為例，任務目標可設定為加強罰球或學習區域聯防。任務目標需要時間才能達成，且通常包含數個定義清晰的步驟。每日目標則是過程中建立及表達學習者意圖的工具，是為了提升或習得任務目標，當日打算重點加強的數個技能、或一個技能中的數個部分。回到罰球的例子，每日目標可聚焦在調整腳部位置或隨球動作，或甚至投球前的例行動作。

已有多項研究顯示，目標設定對動作技能的表現和學習饒有助益。[4]在設定任務目標和每日目標時，應該盡可能力求務實。也就是從你希望達成的目標再往下深入一步，去思考你具體必須做什麼才能達成你希望達成的。

美國知名管理學大師柯維（Stephen Covey）在《與成功有約：高效能人士的七個習慣》（*The Seven Habits of Highly Effective People*）中，以大石頭、小石頭和細砂子的比喻，來說明時間管理策略。我認為對任務目標的設定和優先次序的排定而言，這個比喻也很適切。把任務目標當成大石頭，那麼要達成成果目標，需要的大石頭是哪些？執行這些大石頭技能時，又需要達到怎樣的執行水準？我們還得知道，這些大石頭中哪些是要先處理的。找出了大石頭，也排定處理大石頭的優先次序後，就可以來決定小石頭和細砂子，並排定它們的先後次序。

要決定這些大石頭參數，便得用到統計分析。以要拿下奧運排球金牌為例，要先找

---

3 譯註：指被譽為美國音樂劇夢幻雙人組的Richard Rodgers與Oscar Hammerstein II。

4 作者註：B. Ann Boyce, "Effects of Goal Specificity and Goal Difficulty upon Skill Acquisition of a Selected Shooting Task," *Perceptual and Motor Skills*, First Published June 1, 1990; Research Article; and Damon Burton, "Winning Isn't Everything: Examining the Impact of Performance Goals on Collegiate Swimmers' Cognitions and Performance," *The Sport Psychologist*; DOI: https://doi.org/10.1123/ tsp.3.2.105.

出與拿下奧運金牌最高度相關的技能是哪些。這很重要，因為這告訴我們比賽中有哪些面向是必須優先且／或花最多力氣處理的，即成功奪金所需的核心技能。比方說，假設發球與贏球高度相關，但攔網則否，那我們就應該集中時間精力，把發球技能提升到適當水準，在發球水準到位之前，不要花太多時間在攔網上。

這有點類似把美國人本主義心理學家馬斯洛（Abraham Maslow）的需求層次理論應用在排球上，只不過位於基礎層次的不是生理、安全和歸屬，而是發球、一傳和「接發球時贏得該球」[5]。挑出你的競技環境中的最佳隊伍，對這些大石頭技能進行量化評估，就能設定出達成成果目標所需要的執行水準，進而也能制定出所需的任務目標及每日目標。

5 譯註：排球術語「sideout」指發球輪次的接發球方贏得該球。一九九九年之前排球採發球權得分制時，這意味接發球方贏回發球權；一九九九年改採落地得分制之後，則代表接發球方贏得一分，且贏回發球權。

目標設定的冠軍模型

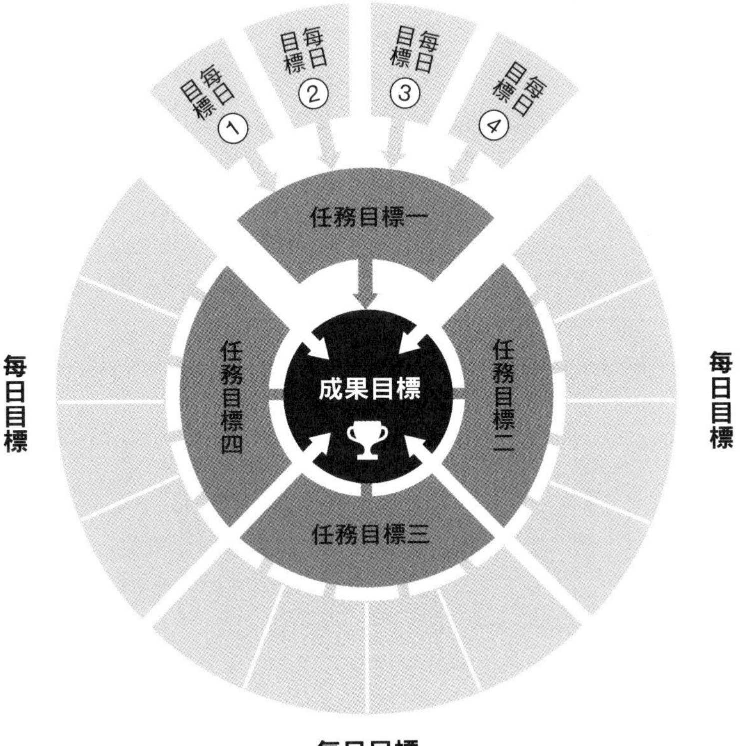
每日目標①
每日目標②
每日目標③
每日目標④
任務目標一
任務目標二
任務目標三
任務目標四
成果目標
每日目標
每日目標
每日目標

2 誘因、動機與心態

誘因

誘因的形式很多，但在教練工作上最常遇到的兩種是內在誘因及外在誘因。內在誘因是指為了個人的滿足感而從事某項任務。外在誘因則指從事某任務是由於外部因素，例如為了規避懲罰或獲得獎賞。雖然這兩種誘因都很重要，在運動員身上卻會產生不同的效果。

某些情形下，外在誘因可以是有益的。為了得到報償或規避懲罰而卯足勁，可能有助運動員完成某個具挑戰性的任務。比方說，最後完成衝刺練習的人，要再多衝幾輪；第一個完成的則可以領到一百美元等。但長期而言，要達成目標、完成任務，內在誘因更為有效，因為這關係到運動員的自我實現感。外在誘因在某些情況下可能有幫助，但也可能導致彈性疲乏（運動員倦怠），而逐漸失效。

本章稍後會談教練的動機，但激勵教練從事這份工作的誘因，應該是為了自己內心的一份想望，想幫助運動員成為他們能成為的最好樣子，幫助他們闖出一番成就。此外，教練工作會有許多與他人同場較勁的機會，也是可能的誘因。但若你其實並不享受競爭，教練這個工作也許就不適合你。

對運動員而言，**為什麼**當然也很重要。學習時，需要設定各種層次的目標，但運動員同時也需要知道，這些別人要求他們做的改變，未來會如何為自己及／或自己的團隊帶來好處。將學習過程與成果目標間建立連結，能幫助運動員「撐過」必然會遇到的難關。比賽時，運動員通常會從競賽本身的元素得到激勵，贏球的希望、教練、其他運動員、觀眾，甚至連對手都可以是強有力的內在及外在激勵因素。

至於每天的練習，視教練規畫的訓練及活動種類，也可能產生激勵人心的效果。教練應該設法盡可能多捕捉運動員「做對」的時候。讚美在行為強化上比懲罰有效，所以我會建議別用折返跑、伏地挺身等來處罰球員。我認識一些運動員，因為從事競技運動時期接受的體能處罰，而對跑步等特定體能活動特別反感。

二〇二〇年一項小學教育的研究顯示，老師的讚美能有效提高教室中的任務行為（on-task behavior）。[6] 這份研究發現，老師愈常讚美學生，說他們做得很好或有依照老師教的做，愈少處罰或責備學生，學生在課堂上就會付出愈多的注意力。研究指出，得到最多讚美的學生，比起其他得到較少讚美的同儕，專注於任務上的時間多出了二十到三十%。

要引致改變，正面強化（positive reinforcement）是更為有效的辦法，不過，你可不能作違心之論。運動員做得不對，你就不能說他們做得對。一旦失去信用，將來不管你想稱讚什麼，聽起來都會很空洞。但你還是應該盡可能多多把握住他們做對的時候，並給予肯定。

動機

推動你追求成就與卓越的是什麼？為什麼把你最寶貴的資源，也就是你的生命，投注在這個志業上？如果你是運動員，那麼找到並確定你的動機很重要。當我們要探討**為什麼**，而我知道這一路上有多艱辛，我很確信，若要有一番成就，需要的不只是你的頭腦，還有你的心。你從事的運動，應該是你所熱愛的，若非如此，便無法日復一日付出必要的努力堅持下去。在找到最適合的運動之前，應該廣泛接觸各類運動。遇到對的運動時，你會有感覺；尋找的過程會變得累人，但就像生命中很多事情，如果你覺得你不知道，起碼你知道你不知道。「不知道」可能意味這不是最適合你的運動。除了找到自己鍾情的運動，運動員還得回答一個問題：你這麼做是為了誰？我希望答案是你自己。你無法靠別人的頭腦和心來達成這一切。必須是你自己的才行。

教練帶領選手，指導和教學的方式，必然深受教練本身的動機影響。一旦接下教練工作，手上便握有大量權力與支配力。然而，這些權力和支配力是別人給的，不是自己掙的。因此，教練工作由於本身掌握權威的特性，便對某些人特別有吸引力，問題是這些人想當教練的理由，沒有一個是對的。權力的誘惑非常真實，尤其當取得如此影響力的門檻相對較低，而潛在的社會及財務報償可能很高的時候。選擇當教練有各種理由，但以下動機值得特別留意：為了金錢；想藉選手的成功來尋求個人存在感和別人的認同；為了實現自己未竟的運動夢想；對身處注意力和權力中心的強烈渴望；想取得不擔任教練工作便無法取得的人際互動層級。教練的動機很重要。擔任教練的主要理由，應該是想以教學、訓練、輔導等方式，幫助運動員成為他們能成為的最好樣子，同時期望他們能立下一番功業。

---

6 作者註：Paul Caldarella, Ross A. A. Larsen, Leslie Williams, Kade R. Downs, Howard P. Wills, and Joseph H. Wehby, "Effects of teachers' praise-to-reprimand ratios on elementary students' on-task behavior," *Educational Psychology*, Volume 20, 2020 (Issue 10), January 29, 2020; p. 1306–1322.

這個過程中，誠實做自己很重要。本書提到的方法和原則，必須由你來傳達，而不是某個你試圖成為的那個人。當你用的是自己的聲音、自己的風格和自己的個性，就是你最有說服力的時候。為你帶領的選手，為整個過程和一切結果負起百分之百的責任。「忠於自己」（To thine own self be true.）是莎士比亞的名言，假裝是你但其實不是的某人，也許能騙過一些人，但你言行之間的落差很快就會無所遁形，這樣一來，你帶領的人心悅誠服的程度也將大打折扣。

另一個需要回答的基本問題是：你是教練，還是你只是做著教練工作的人？換句話說，這角色就是你，還是這只是你的工作？倘若你用選手或球隊在賽場上的勝負來定義自己，你的自我不可避免地就會捲入，這對於你帶領的選手是有百害而無一利。他們的勝利變成你的勝利；他們證明了你很行，證明你是當教練的料。輸球則變成對你個人的冒犯，變成難堪與羞辱的來源。突然這變成你自己的殊死戰，必須「不計代價求勝」。當你屈服於對勝利無止境的需求，你的選手就變成競技商品，是達成你競爭野心的手段。這是一道滑坡，一不留神就會滑向深淵。

但願你能用更健康的心態擔任教練。但願你這個人是由你的所作所為、由你生命中重要的關係來定義，而非由你的選手的成就。擔任教練是你非常在乎、傾盡全力做好的工作，但它並不定義你這個人。希望你不是坐在自我價值由工作成就決定的雲霄飛車上。希望你了解，自己是服務的提供者，你提供的服務是協助那些把自己交託給你的人，幫助他們成為他們所能成為的最好樣子，在這個前提下，期待他們能有所成就。

要達到這個目標，頭腦和心必須意向一致，投入到過程之中。把心也投入的問題在於，心也許會受傷，甚至心碎。對心痛與心碎的畏懼，往往使人不願全力以赴。但許多人不了解的是，要是不把心投入，就不可能成為自己所能成為的最好樣子。我們必須接受，失敗的情緒痛感是學習過程中重要的一環。試圖避開這種不舒服的感覺，也許能安穩過一生，但絕對稱不上是完整的人生。

你成長的路上可能受到他人啟發，但別為了這些人而選擇成為教練或球員，也不要試圖去證明他們是錯的（或對的！）。恐懼、憤怒和不安全感很少會通往幸福，更不要說通往偉大了。我常看到這種很有問題的「為某某人打球」的例子，而且往往從兒少運動時期就開始走上這條路。當今社會，父母親高度涉入孩子生活的現象愈來愈普遍，尤其在運動方面。父母接送小孩練習，每場比賽都親自到場，突然間，父母跟小孩的活動變得密不可分。父母過度涉入、甚至侵入小孩的生活，並且往往覺得有必要保護孩子（可能也是保護他們自己）免受競技運動可能帶來的痛苦或失望。

但我們不該逃避這些不好受的時刻。逆境中有希望，而這些困難的時刻，正是學習成長的契機。讓你家的運動員設法度過這些不舒服。學習怎麼處理運動上的逆境，要比學習怎麼處理生活上的逆境容易得多，況且，要是孩子從來不遇上麻煩，怎麼學會如何從麻煩中脫身呢？

有的父母試圖保護小孩不受失敗打擊，有的父母則是冀望小孩達成自己未竟的夢想。不管動機是什麼，兒少運動中有些父母的行為模式，會讓孩子面對的情況更複雜。兒童和青少年是很敏感的，父母應該注意自己給小孩帶來怎樣的影響。兒少運動，特別是兒童運動階段，讚揚成果而不是讚揚過程中付出的努力，小孩表現不佳就吼小孩，裁判判得不對就吼裁判，教練帶隊帶得「很爛」或調度有失就吼教練，諸如此類，都會在小孩心中留下不好的印象。

倘若我是個從事某種運動的七歲小孩，我的父母在我得分時就大聲歡呼，我沒得分或輸球時就悶不吭聲（或者更糟的，吼我，或惱羞成怒一副要放棄我的樣子，或做出其他充分傳達他們失望之情的舉動），我會知道父母因為我是我而在乎我嗎？或者他們在乎我，是因為我的表現？這樣一來，得更多分、贏更多球就意味更多正面肯定、更少負面批評，於是為了他們，我急切地想要變好。我表現好時，父母比較開心；我有責任讓爸媽開心。不難想像接著會如何向下發展，但容我多說一句，父母的快樂是他們自己的責任，不是孩子的。

長此以往，在父母這種很有問題的影響下，孩子會變得不知所措。他們運動的理由，變成是為了博得父母的感情和認可，或者更慘的是為了不被怒罵，而不再是為了自己的發展、自己的興趣和樂趣。我們愛孩子應該是愛孩子本身，不是因為他做了什麼，或是因為我們能從他們的努力和成就中沾到什麼光。

任何在運動領域有相當成就的人都會告訴你，成為你能成為的最好樣子，這件事並不容易，需要非凡的紀律和大量的努力。走這條路只能是為了你自己，不能為了其他任何人，因為一旦你決定全力投入於追求卓越，你會需要一切你能找到的力量和信念。

你需要夢想和目標，但「相信」也是成就中重要的一環。福特汽車公司創辦人亨利．福特（Henry Ford）說過：「世界上的人分兩種，一種認為自己做得到，另一種認為自己做不到，而他們都是對的。」我也發現，不管在運動或生活中，若你不相信自己，要別人相信你是很困難的。請確定你追求卓越的動機都是正確的；如果不是，你會失去信念，也無法堅持下去。

心態

下一個問題是：你怎麼知道自己的動機正確？或者說，你怎麼知道自己做這件事的理由正確？有一個重要的判別方法，就是你對失敗的反應。若你視失敗為進步的契機，那你很可能在正確的道路上：你把自己不足之處視為寶貴的回饋，是達到進步與成就所不可或缺的資訊。反之，若失敗對你而言是一種難堪，是對你個人的侮辱，也許你就應該回頭重新檢視自己投入這個活動的動機。

運動員在學習中進行調整改變時，表現水準會先蹲後跳，暫時下降然後才往上提升，這是很常見的現象，但不是所有人都能忍受「為了日後好上很多，眼前先壞上一點」的狀況。用比賽勝負來定義自己的運動員，因為自我價值跟表現連動，通常不願意為了調整、改變而頻頻失誤，暴露出自己的弱點。教練的責任就是創造一個球員能安心犯錯的環境，同時要讓球員了解他們被要求調整改變的理由，以及調整和改變之後會有哪些明確好處。若運動員相信改變對自己和團隊有益，就比較可能全心投入改變的過程。但除此之外，運動員本身對學習和改變的認知，也會影響改變及調整的成效。

換言之，對認知能力的認知本身，確實又會影響到認知能力。心理學家杜維克（Carol Dweck）對此現象提供了許多實驗證據。學習者對自身的認知能力及對學習過程本身的看法，會影響他們學習與改變的能力。杜維克以「心態」（mindset）一詞來陳述這個觀點，在二〇〇七年的著作《心態致勝：全新成功心理學》（*Mindset: The New Psychology of Success*）中，她提出兩種心態：「成長型心態」者相信自己可以學習、可以改變，「固定型心態」者認為自己無法學習與改變。杜維克在這個領域的研究極具啟發性，也很有影響力。

要總結這兩種觀點，首先得明白兩者間的主要差異。成長型心態的人相信智性可加以開發，就像肌肉力量和心血管健康可藉由訓練得到提升，愈是勤加鍛鍊，就愈強韌高效。固定型心態者則認為智性是單一且固定的，與生俱來的智性是定量的，不會改變。杜維克接著呈現兩種心態對受挫的反應，以及對付挫折的不同方法。成長型心態者把挑戰視為機會並欣然接受；固定型心態者害怕力有未逮，因而迴避挑戰。當事情發展不如預期，成長型心態者會迎向困難、堅持不懈，就如邱吉爾對他同胞的名言：「永遠，永遠，永遠不放棄。」固定型心態者則往往很容易打退堂鼓：當情況沒有預期順利，就不玩了。至於苦幹實幹，成長型心態者認為那是學習過程中必不可少的一部分。可以想見，固定型心態者覺得苦幹實幹真的很苦、沒有樂趣，因而較不傾向付出努力。在回饋方面，成長型心態者想要回饋，主動尋求回饋，並從回饋中學習，不論正面或負面回饋皆然；固定型心態者喜歡正面回饋，但只要是批評，不論有建設性與否，都馬上視為對個人的冒犯而忽視掉。看到同儕成功的時候，成長型心態的學習者會替同儕開心，並從對方的成功中獲得啟發，敦促自己見賢思齊；固定型心態的學習者則視他人的成功為威脅，認為那會突顯放大出自己的不足之處。就結果而言，成長型心態者最終達到的水準，往往相當於或超越自己本來的預期；而固定型心態者常在到達學習高原的停滯期時就放棄，永遠沒機會實現自己的潛力。顯而易見，在重大成就與競技卓越的追尋上，成長型心態者要比固定型心態者有機會得多。

即使動機正確、心態也正確，仍不保證你能達成目標。要是都「全力以赴」了還無法達成目標，該怎麼辦？沒人想要看起來很蠢或感覺很遜，因而很多人就不使出全力，以免丟臉或證明自己不行。對失敗的恐懼很真實，而且大幅限縮了人的可能性。現今社會主流的、不斷與他人比較的生活，會放大我們的不安全感，讓我們在恐懼失敗的重壓下透不過氣。我們應該專注在自己能夠控制、能夠做到的部分，而不是一直關注別人做了什麼，並讓那份關注莫名其妙地支配了自己的行動。別再比較了，努力去成為自己想成為的樣子吧。

人可能因為害怕出醜而變得保守或不願嘗試新事物，但身為教練，我們的工作就是為運動員創造安全的環境，不僅在身體方面，在心理及情緒面亦然。我們要營造一個空間，讓運動員可以露出自己脆弱的一面，可以犯錯，並得到充分的支持與教導，進而能從錯誤中學習。追求卓越的路上遭遇挫折沒有什麼可丟臉的。事實上，這些「失敗」是學習過程中很重要的部分。

雖然這年頭失敗是這麼不受歡迎、這麼討人厭的事（看看YouTube上有多少嘲笑「史詩級失敗」的影片就知道），但失敗在競技卓越的道路上卻不可或缺。功虧一簣往往會推動你更加努力，提升自己的技術能力或其他層面的能力。你慢慢能學會把吃苦當吃補。事實上，如何看待失敗，就決定了你接下來前進的方向。失敗並不代表你一無是處，輸了也不表示你就是個輸家。失誤在所難免，不應該把它們當作不可動搖的宣判。失誤不過就是經驗，是能帶來資訊與回饋、進而導向大幅度學習與成長的經驗。

黛莉・桑塔納（Daly Santana）

二〇一五年黛莉・桑塔納（Daly Santana）在明尼蘇達大學排球隊時，獲選全美最佳運動員（第一團隊）及十大聯盟年度最佳球員。二〇一五年畢業後即效力於歐洲和亞洲的職業球隊，並在二〇一六年巴西里約熱內盧奧運代表波多黎各出賽。她大一時，沒人能預見她日後會有這番成就。事實上，她歷經多年掙扎，才終於實現自己的潛能。她深信那些掙扎，那些失敗與困頓的時光，是滋育她職業生涯的最大養分。

妳初到明尼蘇達時，應該可以說日子不怎麼好過。從波多黎各北上來到美國，對妳並不容易。雖然很長時間以來，妳感覺自己跟挫折苦苦搏鬥，但最終妳還是成功利用那些不順利的時刻來成就了自己。妳同意嗎？

黛莉・桑塔納▶我記得我很害怕。這裡的文化感覺跟波多黎各非常不同，連打排球的方式也不一樣，所有我以為我知道的東西，到了這邊全不是那麼回事了。對我來說真的有點震撼，我就想，好啊，那我現在該怎麼辦，要怎麼改變？我如何調整自己對事情的認知？但我覺得我真的不太知道該怎麼做。幾乎每天我都在吸收新資訊，好多好多新資訊。到了大四，我才終於覺得，嘿，我可以對這種挫敗感做點什麼啊，我可以利用它，而不是只屈服於它。我可以好好運用它。

二〇一四年，妳大三那年，禍不單行，妳又傷了膝蓋。所以逆境裡又多了受傷這一項。對此妳有什麼想法？

黛莉．桑塔納▶關於這件事，我記得我跟自己有過一些對話。我說，「現在有兩條路。我們可以搞清楚現在到底是什麼情況，想想看有什麼辦法，或者可以直接躺平，然後玩完。」我覺得對那個時候的我來說，需要下一個決定，決定要怎麼走過康復的過程。這很難熬，某個層面上受傷也算一種失敗，但對我的排球生涯而言，下這第一個決定很重要，決定要勇敢起來、撐過去，因為在那之後發生的所有事情，這個決定都幫了我。

聽起來受傷是妳成長的重要一環，但我那時並不知道這對妳是繼續或放棄的關鍵時刻。

黛莉・桑塔納▶那是個很大的決定，決定要熬過復健和康復的過程，說「我想要這樣做」。下了這個重大決定之後，要決定其他小事就比較簡單了。我開始會大聲說出自己想怎麼做。比方說，「今天練習不順利。我不喜歡這樣打球，我不想練習，但我還是要練。我要努力練習，依照教練的要求去做，努力變得更好。」這幫助我度過那些感覺不舒服的時刻，我也學會如何利用不舒服的感覺，讓自己變得更好。

二〇一四年賽季，我們比往年還多輸了幾場比賽，那可真不好受，是辛苦的一年。但到了二〇一五年，我們上演大逆轉，這主要是妳的緣故，妳是大功臣。我們最後贏得聯盟冠軍，並打進全國四強。

黛莉・桑塔納▶二〇一四年是很辛苦的一年。球隊表現起起伏伏，最後連NCAA錦標賽參賽資格都沒拿到，好像是十年還是十五年，還是多少年來頭一遭吧。但我們又是NCAA地區錦標賽明尼蘇達州主辦學校，所以自己沒份，還是得看人家比。你要我們去看比賽，光看不打真不是滋味。我根本不知道自己是怎麼在那裡待下去的。

我應該只是想讓大家看看我們錯過了什麼吧。想激起大家不甘願的心；因為我們有天分也有能力，只是欠缺一些改變。

黛莉．桑塔納▶我想這幫助我撐過連連輸球的時期。那種卯起來想要進步的心態，對每天常規練習的每個小任務都全力以赴，即使一開始還看不到效果，但就是堅持住，堅持那個過程。

我逼問自己一些問題。如果我照教練要求的去做會怎麼樣？如果我練起來了呢？如果我做出了改變，也變得更強呢？我已經知道如果我不做這些會怎麼樣，所以問題就要變成「如果我去做會怎麼樣？」一後來這成為我心態的一部分。如果我能做到這些，能進步，我就會變成我想要的樣子。

所以妳開始在練習、在比賽時都百分之百投入，結果峰迴路轉，妳迎來了豐收的一年。能不能告訴我，邁入二〇一五年，也就是妳大學最後一年，經歷過那麼多挫折，比如受傷，比如我們沒能打進錦標賽，球隊的表現起起伏伏等，這些如何改變了妳？

黛莉．桑塔納▶我覺得在上大四以前，我一直被恐懼感籠罩，害怕那種不舒服的感受。但當我開始做些小事情，比方問自己「我如果照做會怎麼樣？」這種問題之後，我開始比較願意嘗試。就試試看，也許有效也許沒有效，但不管怎樣，這至少讓你不再原地踏步。一點一滴建立自己的心理，一點一滴建立自己在場上的能力。我想這個過程讓我發展出一種無所畏懼的心態，凡事就放手一搏試試。我面對自己的恐懼，找到方法越過它、往前走。我發現，這樣就對了。那時候我別無選擇，若不成為我那時還不是的某人，就無法完成眼前的任務，克服眼前的挑戰。那時候覺得一切都好沉重。我告訴自己，**我不知道該怎麼做，但我一定得跨出這一步**。那時我不知確切要往哪個方向去，但我得試試看。接著我很快發現，一旦跨出舒適圈，一旦跨出舉棋不定的心態，嘗試新東西就，開始變得得心應手。變得比較容易專注於學習新技術，並且精通這些技術。每天按表操課、從失敗中學習，在這過程中，恐懼緩慢但確確實實地消失了。

也就是說，這些挫敗經驗帶來了成長與改變嗎？

黛莉．桑塔納▶沒錯。這些挫折為你指明前路。就像當初我若選擇留在原處、不試著改變，我就不會成為今天的樣子。我選擇要增加自己攻擊的變化性，這個選擇改變了我的球員生涯，改變了我的人生。

確實，妳剛進球隊時，看起來像是靠一招走天下，變不出新把戲。妳有世界級的攻擊手臂，擊球力道強勁，但剛到明尼蘇達時，妳只能把球很猛地朝一個方向打。所以等對手發現這點，基本就沒戲唱了。妳得改變才能成功。

黛莉．桑塔納▶我覺得嘗試新東西這件事，一大部分是對教練你的信任，百分之百相信你規畫的程序、步驟，相信你給的回饋。我開始相信你能看出我需要再學什麼。這份信任讓我打開心胸，全心擁抱新事物。不只是在順風順水、一切手到擒來的時候，而是任何時候。一開始我不知道該怎麼面對那種不確定性，我不想失敗，所以每次都採取「安全」的打法，而不是正確的打法。

還有，二〇一五年賽季開始前的夏天，你向我們介紹了女戰士的觀念。你說我們可以同時身為女性及戰士，在賽場上衝鋒陷陣，即便我們感受不到社會在這方面對我們的支持。你說我們得放掉那份恐懼和不安全感，努力成為我們希望球隊成為的樣子。這段影片是我們對這個觀念的體現。[7]

7 作者註：影片名稱*Gopher Volleyball's Female Warrior* (https://www.youtube.com/watch?v=b9HT1aXwIE)。

妳個性上的優勢展現在很多地方，比方二〇一五年妳當上了隊長。那時妳就站起來說：「我來當。這個賽季我們就要像這樣！」看妳那麼做，感覺真是滿棒的。

黛莉．桑塔納▸我不想重蹈前一年的覆轍。我們不能再重複前一年的一些行為，抱著跟前一年一樣的心態。我們談過，領導需要以身作則，得有人挺身而出。我決定這次我們一定要做對。得有人出來站到大家面前，押著大家去改變，我想這個工作我做得不少。這種工作由教練做的話，有點稀鬆平常，但若是由隊友來做，就變成我們在隊裡創造自己的故事，隊友們也開始互相督促了。突然間，我們感覺大家同舟一命，彼此相互支援，然後這就像雪球一樣愈滾愈大。大家都朝著同一個目標努力。

妳做的事很需要勇氣。我記得我們談過，領導有時就像一座孤島，尤其只有自己獨力承擔的時候。妳站出來表達自己的想法，成功讓整個團隊適用一套更高的標準，因為妳自己就照著這套標準在做。妳讓隊友跟上來了，她們買妳的帳。

黛莉．桑塔納▸這並不容易。我覺得這並不是什麼愉快的事，也不輕鬆。

但妳做得很好。

黛莉．桑塔納▶我不停告訴自己：「我得鞭策自己做這個。」就算我不舒服、我害怕也一樣，而且其實不舒服和害怕很常發生。但我養成了這種心態，相信這麼做是對的。不過當然，等我們開始贏球，事情就變得比較容易了。

妳很想做對的事，想用對的標準要求大家。妳從有天賦但單一面向的球員，脫胎換骨成為全面性的選手。妳各種球技兼備，每一項都能做到相當好的水準，再搭配上強有力的手臂和領導能力。妳是個很有說服力的例子，說明只要用正確的方法面對挫敗，就可以使挫敗變成機會。不要把挫敗視為宣判，把它當成回饋，就有機會。

黛莉．桑塔納▶我同意。挫敗可以推動你，但往哪個方向推，就要看你自己。完全要看你如何看待挫折，及你選擇如何利用挫折。

我學到的東西，對我的職業生涯有絕對幫助。我覺得現在手上有不同方法，讓我能直接面對挫折。對「怎樣把事情做得更好」這件事保持好奇，是我很大的動力來源。這比害怕好多了。每一天、每一週，可以承擔的失敗沒有上限，每次失敗都是成長和調整方向的契機。從中的收穫改變了我的一生。

3 領導

何謂領導？對此定義很多，我特別喜歡光輝國際（Korn Ferry）這家企業管理顧問公司的高階主管兼作家凱許曼（Kevin Cashman）的定義：「領導是創造價值的真實影響力。」很簡單，也很真切。若這真實影響力是由單一個人以傳統領導模式表現，那很好；若用領導團隊的形式能有更好的表達，那也很棒。我認為教練有責任培養領導者，雖然不是每個人都必須成為領袖，但每個人在某個時點應該都能發揮領導的功能。

身為教練還需回答另個基本問題：我該用規定來領導？還是應該用賦權式[8]領導？其實不管選擇什麼路線，都會需要訂出幾條規定，但若是選擇完全靠規定領導，那就會需要一大堆規定，同時會培養出一大群循規蹈矩的運動員。這些運動員會變成一個口令一個動作，因為別人對他們的期待就只有這樣，期待他們乖乖聽話，以免受罰。他們做一件事，只因為別人要求他們做，很少是因為那麼做是對的，即使那確實是對的。

賦權式領導意味規定較少，但對行為的期待則高得多。假使你把做或不做正確事情的自由交給對方，對方有可能選擇做，也可能選擇不做。然而不管選擇為何，他們都必須為自己的選擇負責，承擔其後果。身為領導者，你需要做的是建立行為期待、並提供指引，但最終，是否要在正確時間做出正確決定，還是取決於你所領導的人。這種方法一定會出差錯，會學到教訓，但在正確時間做正確選擇的能力也會進步。我想不出採取這樣的做法能有什麼壞處。

我們都知道，生命的常態就是無常，球隊也是如此。領導及打造高功能選手和團隊不是在做算術。同樣的輸入，很少會得到同樣的輸出；今年跟明年是如此，甚至今天跟明天也是這樣，因為人與競技的環境都在不斷變動。你的挑戰，是依據眼前這個運動員或團隊所獨有的天賦、技能和個性，找出要如何把指導原則應用在他們身上，才能收到最大效果。你為這場賽事或這個賽季找出最佳方法，到了下場賽事或下個賽季，很可能又需要用不同方式，來應用這些相同的原則。原則沒變，變的是應用方法，雖然我們對球隊的期望畫面沒變（即所有人露出笑容高舉獎盃的景象），但這幅拼圖的小塊，還有它們彼此接合的方式，永遠都不一樣。領導者必須適應、調整，然後才能幫助運動員適

8 譯註：賦權一詞英文為empowerment，指賦予自由及能力，中文文獻討論也可見「增能賦權」的譯法；為求簡潔，本書譯為賦權，但這個詞有給予能力的含義。

應、調整，進而確保穩定的成功水準。

身為教練，必須帶領球隊，而你所具備的知識與穩定度是帶隊成功的關鍵。你也會需要培養內部領導力，亦即運動員也要發揮領導功能。傳統團隊的領導模式由隊長領導（隊長通常由隊員投票選出或教練指定），但我發現團隊領導機制可以有不同的表現方法。我帶過一些隊伍，隊長非常優秀，非常有影響力。有些球隊是共同隊長制，領導也一樣有效，還有些隊伍由領導團帶領，根本沒有隊長。教練必須採取最適合球員的方式，依據隊伍成員的個性和情緒範圍[9]（emotional range），決定最佳領導模式。不要受限於傳統或期望。打造一個你覺得最有機會幫助團隊達成目標的領導模式。

我在教練生涯中帶領過男子與女子球隊，常有人問起兩者的差別。要謹記於心的是，男女球隊間的相似點，其實遠比相異點多得多。在把人分成男女之前，大家都是人；對人若能給予真誠的關懷，尊重他們、為他們的發展投入心力，通常結果都很不錯。此外，排球是考量到男女身高及力量差異，而試著做出調整的少數運動之一：男排和女排球網高度不同。美國男子隊有的球員跳躍單手摸高（jump and touch）超過三·六五公尺，打二·五公尺左右的球網，可以高跳強力扣球。美國女子隊有選手跳躍單手摸高超過三·四公尺，打二·二公尺的球網，同樣可以跳躍強力扣殺。男女選手都一樣有人類的身體，同樣受重力和物理定律的影響，因此訓練和打球的方式非常相近。

二〇〇八年帶領美國男排隊參加北京奧運後，二〇〇九年我決定擔任美國女排隊教練，許多人覺得這是頗不尋常的生涯動向，畢竟先前我從未帶過女子球隊。不管大家看法如何，我覺得當初設定給美國男排隊的目標既然已全數達成，要再花四年時間整個再來一次，好像不是很刺激。但如果是要把美國男子隊數十年期間建立起來的知識體系，應用到女排隊上，感覺就有趣得多。幸而美國排球協會同意並支持這項人事異動。

任命案發布後，我接到一些教練同業的恭賀電話，但也有人「警告」我，說帶女子隊跟男子隊可不一樣，說我要將面臨重重限制，要等著傷腦筋了。「女生沒辦法做出這個技術」，或「她們沒辦法打這種作戰系統」。聽了他們的話我很訝異，也有點失望。我嚮往的世界是充滿希望，而不是限制重重。我很期待，想看看在男子隊成效卓著的原則和方法，搬到女子隊這個資賦優異的新群體會發生什麼事。

結果我發現，雖然兩個球隊有許多相似點，但相異點也確實也存在。我不是運動領域性別差異的專家，但一般來說我認為差別主要在溝通和連結的方面。比方暫停時，假如我認為球隊需要加強防守，而跟隊員說整體而言大家防守不夠積極，男子選手聽到，

9 譯註：心理學上將人的情緒分為1到10的十個等級。1為最黑暗的情緒，如絕望、無助等；10為最明亮的情緒，如狂喜或深刻的喜悅等。小小孩多能自在地經歷1到10的情緒，但年紀漸長後，有時為了避免痛苦，會漸漸將自己的情緒範圍限縮，比方限縮在4到6之間。

大概會以為我在講隊上別的選手。但同樣的話聽在女子選手耳中，比較容易認為我是針對她個人。男性一般自尊心強而比較冒進，需要卸除他們的武裝，才能讓他們把話聽進去並做出改變。女子選手一般而言容易有懷疑和不安全感，因此需要先讓她們了解自己原本的表現已經非常不錯之後，再往下說。

說到女子運動員抱持的懷疑及不安全感（當然這並非她們所獨有），我們也必須承認，有些教練會利用這些恐懼來謀求自己的利益。我們必須正視利用操縱及恐懼來領導的問題。很不幸，在體育界這樣的情形比我們願意承認的還要普遍，雖然這可能繳出不錯的成績單，但對運動員造成的連帶傷害往往也很大。活在恐懼中的，絕不是完滿的生命。恐懼是禍根，卻常被用來操控運動員的行為。

恐懼教練法（fear-based coaching）有幾種不同呈現方式。第一種就如剛剛提到的，利用教練對象的恐懼及不安全感，謀求個人利益。第二種，也可能是更陰險的一種，即恐懼教練法其實源自教練本身對於被掀底牌的恐懼，這是非常真實存在的現象。教練深怕被人發現他們其實不曉得自己在做什麼。我們提過，相較於教職，教練這一行欠缺嚴謹的認證，只要教練職位到手，實際上並不合格的教練就自動掌握了相當的權力及權威。這些對於教練對象具有影響力的教練，可能也自覺到自己欠缺有效執行教練工作所需的知識及資訊——更糟的情況是他根本心知肚明，於是深恐別人掀他們底牌，並轉而把個人的恐懼及不安全感加諸在教練對象身上。這些教練會突然變得很獨裁，事必躬親，不斷重申一些大家早已了然於胸的事（如訂出一堆球隊規定、重視比賽輸贏，老是針對上一場比賽放一堆馬後炮，而不說清楚接下來一場該注意什麼），對於運動員個人發展或球隊文化，卻不太著墨。在固定而變化少的環境下大量反覆練習某些技能，但關於技能的講解與教學大多付之闕如。技能組成定義不清，技術回饋也少得可憐。教練會針對前場比賽大呼小叫甚至貶低球員，如「那個球怎麼會沒打到？」，至於球員或球隊怎麼回答這個問題，他半點忙也幫不上。

球隊有了「統治集團」，遇到問題躲躲閃閃，關起門來開一堆會，球隊與職員內部各自孤立、聯繫不暢，即使看似井井有條，卻隱隱有種不安及不和諧感，這種感受起因於教練的信用落差（credibility gap），這是他對訓練的某些環節事必躬親，對其他環節卻全無章法、相關知識全然欠缺所導致。比方說，我們可能跟全美國的人一樣，學到失誤後要罰跑步，但從沒有人教我們，導致我們被罰跑步的失誤要怎麼矯正。再加上團隊間缺乏真實的聯繫及溝通，這對任何人來說都是很艱難的環境。

從神經學上來說，人類就是會對恐懼產生反應，戰鬥或跑逃的反應是真實的。所以，恐懼使人拋棄理性思考而訴諸情緒反應，出於對可能結果或後果的恐懼、擔心或憂慮而行動。利用恐懼來領導的教練，最終會對他們的教練對象造成傷害。這是自私而不顧他人的領導方式，持續高壓及隨之而來的焦慮，可能對運動員造成嚴重不良影響。

放眼運動之外的世界，看看當今的社會氛圍，可以發現我們的社會深受恐懼影響。我們陷入了在社群媒體裡不斷瀏覽負面消息的沮喪狀態。我們上癮了！那些標題、文章，甚至更新功能，都是設計來引起情緒反應，讓我們不斷回來尋求又一次的多巴胺或腎上腺素分泌。比方有（fear of missing out，社群恐慌症）[10]現象，使我們淹沒在他人光鮮亮麗的生活、五光十色的活動影像裡，讓我們自慚形穢，感覺跟不上別人。還有FOPO（fear of other people's opinions），即人們害怕被評斷甚至更糟糕的「被刪除」[11]，而讓他人的想法和意見宰制自己的行為。其他還有對比如世界末日、病毒的恐懼，對政治極端主義、地緣政治動盪的憂慮，對股市崩盤、暴力犯罪的擔憂等。我們「被迫」在意的事情如此多，這麼多事物索求著我們的注意力，好像永遠沒完沒了。實在累人。

「成為你能成為的最好樣子」是艱鉅的任務，會在方方面面強迫你成長和蛻變。你必須學著克服過程中的懷疑、恐懼和不安全感。這些阻礙，不管是實際存在或只是你感受到的，在前行的途中都必須推開。

懷疑對靈魂有極大殺傷力，不管你是追求個人的競技卓越或領導他人追求競技卓越，必然會經歷自我懷疑的時刻，質疑自己在做的事和做那件事的方法。我們知道相信的力量，當自我懷疑蠢蠢欲動時，要相信自己和自己用的方法，這點至關重要。為免懷疑乘隙而入，我建議培養「侵略性的樂觀[12]」，也就是當無可避免的逆境來臨時，對自己能力堅信不移的一種能力。

侵略性樂觀與相信並非狂妄；它們比較像是自信。狂妄是對自己目前能力的誇大估計；而自信來自對本身能力的相信。兩者差異甚大。與競技卓越有關的難題很多，雖然沒人有全部的答案，但帶著侵略性樂觀的人始終相信自己能找到解方，在追求卓越的路上找到往前邁進的下一步。

我們不必害怕。我們對神經學上的恐懼可加以回應，不須要用恐懼來領導。營造安全且免於負面情緒干擾的環境，讓運動員能在沒有恐懼和操縱的情境下學習和蛻變，他們的學習效果和表現都會更好。你是教練，不是扯動著選手情緒細線的老木匠傑佩托[13]。你存在的目的，是始終秉持真心，對選手誠摯的關懷和照顧，從旁協助與支持，扮演好老師、教練和輔導者的角色。

---

10 譯註：FOMO或稱為「錯失恐懼症」，指因自己不在場（如：離開社群網路，擔心自己變成邊緣人）所產生的不安與持續性焦慮如。

11 譯註：指因某人（尤其是名人）的言行而不再支持這個人，甚至利用社群媒體發起抵制與網路羞辱等行為。

12 譯註：belligerent optimism，指不管外在環境、條件為何的絕對樂觀。

13 譯註：《木偶奇遇記》中膝下無子，於是做出皮諾丘來陪伴自己的老木匠。

4 苦練

苦練是指為達成某結果，而積極從事某種心理或身體活動。想有一番成就，就得下一番苦功。苦幹實幹很苦也很難，但要達到競技卓越，要開創一番成就，這是必經之路。

洛杉磯公羊隊外接手庫普（Cooper Cupp）就是個很好的例子，他的敬業精神使他得以在球場上建功立業。當然，他的最終能力也遠超過外界對他最初能力的評估。高中時期，庫普打進NFL的機會看起來很渺茫，事實上，他連能進到大學美式足球校隊的機率似乎也不高。若把球員分為一星到五星，五星是最佳的話，在大學招募球員期間，庫普可說被評為〇星球員。他在二〇一一年打最後一場高中賽事時，還沒拿到任何一家大學給的足球獎學金。最後終於有兩家大學錄取他，他選擇到東華盛頓大學（EWU）效力，在那裡他發憤圖強，改變了自己的星星數。EWU美式足球隊總教練表示，他這輩子還沒看過哪個運動員有庫普的敬業精神。「他從不浪費時間。我知道這個很多人說過，但真的沒人能比他認真。」[14]

苦練獲得了回報。庫普大學生涯結束時，以六千四百六十四碼創下NCAA最高接球碼數紀錄，同時改寫NCAA下的美式足球冠軍賽分區（FCS）最多接球次數紀錄（四百二十八次）及最多接球達陣數（七十三次），並於二〇一七年以第三輪選秀權進入NFL球隊。這還沒完。庫普在二〇二一年賽季表現出色，獲選NFL年度最佳進攻球員，獲得全票通過入選全美大學全明星第一隊（first-team All-Pro），最後還贏得超級盃冠軍戒指。真是醜小鴨變天鵝。

不是說只要能苦幹實幹，天賦就不重要了；苦練無法取代天賦，但可以讓天賦得到淋漓盡致的發揮。史迪爾博士（Dr. Piers Steel）是加拿大卡爾加里大學研究拖延習慣的教授（還真的有這種專業！），他對各行各業頂尖人士有敏銳的觀察：

> 天賦極度優異的人……是極少數。但以我們對拖延習慣普及程度的了解，真正苦幹

14 作者註：Alden Gonzalez, "How Cooper Kupp went from no college offers to several college records," ESPN.com, July 27, 2017; https://www. espn.com/blog/los-angeles-rams/post/_/id/34382/how-cooper- kupp-went-from-no-college-offers-to-several-college-records。

實幹的人也不多。大多數時候，你遭遇的對手只具備這兩項特質中的其中一項，有天賦或是很肯拚，而不是兩者兼備。具備天賦潛質又願意埋頭努力的人，就跟鑽石一樣稀少，而且比鑽石珍貴兩倍。[15]

苦幹實幹很重要，但就像生活中很多事，過猶不及，再好的東西一旦過量也可能出問題。為避免苦練過頭，也許可以試著用聰明一點的方法苦練。身體和心理的彈性疲乏（倦怠），對各年齡層的運動員來說，都是真實的風險，年齡愈輕的運動員尤其容易受影響。他們可能盲目相信教練，對教練的指令照單全收。但部分兒少運動的教程設計訓練量，其實可能都超過了兒少運動員身體所能負荷的量。大家都了解也接受身體活動可能伴隨受傷風險，而過重的訓練分量和／或訓練強度，都可能引起疲勞進而導致嚴重受傷。

早期專項化（ESS，early sport specialization）[16]的問題，也是運動員彈性疲乏的成因之一。兒少運動員若長期只進行有限的幾種運動模式，身體因過度使用而受傷的可能性會增高。這些只從事單一項運動的兒少運動員，不只容易受傷，發生心理倦怠的機會也高。他們厭倦了老是做同一種運動，最後因為覺得無聊而放棄，反正他們從來也沒真的很想要。儘管朋友在球隊裡，父母又緊迫盯人，但這項運動從來不是什麼享受的事。

年紀較長的運動員，則因生活和運動上對身體、心理、情緒等各方面的要求都增加，也可能面臨彈性疲乏的問題。訓練得多，不一定效果就大。訓練過度可能導致表現下滑，樂趣及認知能力減退，也可能造成情緒改變，甚至引起食欲不振、免疫功能低下等身心症狀。適當休息、讓身體復原，才能讓運動員保持健康和積極的心態。苦練當然是必要的，但我們也得學著苦練得聰明一點，否則加諸運動員的各種要求和壓力，反而會促使他們走上放棄一途。

教練自己也得留心彈性疲乏的問題。常有人問我工作與生活如何取得平衡，我的答案是，這沒有適用於所有人的公式。當然了，教練這一行本身就不是很平衡的行業，不是朝九晚五，而是每週七天、每天二十四小時待命，所以我會建議，把你生命中重要關係的強韌度，當成你工作與生活平衡狀態的評估指標。如果這些重要關係都健康、強

---

15 作者註：Piers Steel, "Hard Work Beats Talent (But Only If Talent Doesn't Work Hard)," *Psychology Today*, October 8, 2011; https://www.psychologytoday.com/us/blog/ the-procrastination-equation/201110/hard-work-beats- talent-only-if-talent-doesn-t-work-hard。

16 譯註：ESS定義為對年齡低於十二歲之孩童，施以每年超過八個月的密集訓練與競賽，專注在專項特定運動，排除其他運動及自由玩耍時間。

韌，表示你大概平衡得不錯。一旦這些關係充滿壓力或處處需要妥協，那你可能得多費點心思了。老實說，我覺得生命中最重要的關係之一，就是和自己的關係。除了那些需要你協助、需要你照顧的別人，你也需要幫助自己、照顧自己。

教練這一行勞心勞力。永遠都能找到可以再加把勁的地方，因為「成為你能成為最好的樣子」是一趟沒有終點的旅程。這是不斷追尋的過程，而不是一個目的地，所以將身為人的你與身為教練的你區分開來，是很重要的。你做為人的職責，跟你做為教練的職責，一樣是當務之急。你會需要他人的支持和本身正確的觀念，才能維持健康的平衡狀態。

PART 2

發展

DEVELOPMENT

在體壇功成名就的路徑，特別是在教練工作與技能發展相關的面向，需要更明確的定義。很多人認為多比賽是最直接的方法。但真是如此嗎？答案是「看情況」。有些年輕運動員並沒有兒少運動、AAU或俱樂部球隊的資源，也沒有個別課程或個人訓練員，這樣的球員若又視運動為改變自己命運和改善家庭狀況的途徑，那麼對他們而言，比賽確實是學習與進步的絕佳辦法，這點已經反覆得到證明。經驗是很好的老師，尤其對一心想求進步的學生而言，可以說沒有比經驗更棒的老師了。

不過，也有人經年累月從事同一項運動，卻沒什麼進步，甚至完全原地踏步。這些人運動只是為了開心，為了強身，或為了社交互動。由於沒什麼進步的意圖或動力，結果就真的沒怎麼進步。但若運動能提供一條通向更好生活的具體路徑，那麼學習和進步的意圖就會很明顯。

有了意圖與動力，加上有效的訓練及教學方法，練習時就能有明確的目標，由教練引導選手發展。所以，若目標是在體育賽事中有不錯表現，訓練過程的公式可以這樣表示：

競技能力＝運動練習＋學習者意圖＋教學／訓練

若運動員具備優異的身體素質與能力，那麼達到競技上的卓越，在體壇大放異彩、功成名就，就並非不可能了。這時公式變成：

競技卓越＝天賦＋運動練習＋學習者意圖＋教學／訓練

如果這些是打造競技卓越的基石，那打造的過程會是什麼樣子呢？首先，我們得釐清建功立業過程中每一方的主要職責。運動員要有所成就，必須努力訓練、學習和競技。教練要幫助運動員有所成就，就必須好好地教學、訓練以及輔導運動員。

這時，決定這一路上要用什麼樣的原則來引導運動員，就變得很重要。原則就是一套基本的道理或真理，作為信念或行為系統的依據。指導原則的好處是，它是一套極為嚴密的評估標準，可用來決定你採用什麼方法。教學、訓練、輔導的方法有很多，其中有些無疑比另一些更有效，但少了指導原則，便無從判別這些方法的優劣，也無法去蕪存菁了。

5 學習與技能發展相關研究

一九八〇年代，動作學習領域教授、也是知名排球教練卡爾・麥高恩（Carl McGown），彙整了動作學習領域的研究，並將之應用到排球教練工作中。卡爾是我大學時期的教練，之後我又與他共事了幾年，我漸漸發現，卡爾的理論架構與當時剛萌芽的技能習得與技能應用研究之間，出現了一些差距。後來在多年教練生涯中，我把這些新領域研究應用在教練方法上，最終得出以下的「冠軍模型」，我相信這個模型更能描述推動這整個過程的原則及行為。為了對「冠軍模型」有更佳掌握，我認為有必要先了解支撐這個模型的幾個研究。

一九六七年，美國心理學家費茨（Paul M.Fitts）與波斯納（Michael Posner）提出一個模型，描述學習的三個漸進階段，即認知階段（要做什麼）、連結階段（怎麼做），和自動階段（做）。[1] 在認知階段，要定義出需要學習的技能及該技能的組成部分；運動員會形成一種稱為「基模」（schema）的心理知識結構，也就是關於任務需求的心智表徵（mental representation）。

在連結階段，運動員會將該技能的各組成部分連結起來，試圖呈現完整的任務，接著便是回饋與練習。最後進入自動階段，習得的技能變成自動的，執行該技能時運動員無須刻意思考或注意，而是自然而然做出來。運動員達到自動階段，代表他們已經習得這個能力，能在競技環境中執行該技能，並在不同條件下應用這項技能。換句話說，他們已經不自覺地熟練該技能。

一九七二年，簡提爾博士（Dr. Ann Gentile）出版了《技能習得的工作模型與教

1 作者註：Paul Morris Fitts and Michael I. Posner, *Human Performance* (Basic Concepts in Psychology Series) (Brooks/Cole, 1967)。

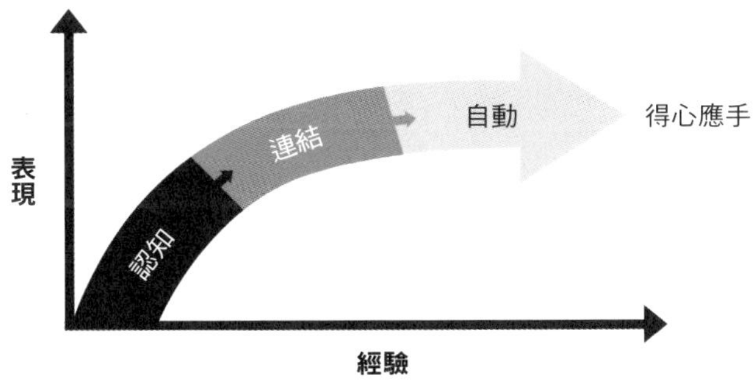

技能習得的階段

（費茨與波斯納，1967年）

學上的應用》（*A Working Model of Skill Acquisition with Application to Teaching*）一書。[2]她的研究值得注意，因為她首開先河，試圖在科學上將動作學習及技能習得這者與教學做連結。她的研究也對照出開放與閉鎖迴路動作技能的差異（「開放迴路」指不受控的環境，例如擊打投手投出的球；「閉鎖迴路」指受控的環境，比如擊打置於球座上的球），並將這些動作技能的習得及之後的執行，與教學策略相連結。她提出一個二階段模型：

- **第一階段，取得動作概念：**學習者試圖決定該技能的一般動作模式，以產出想要的結果。
- **第二階段，多樣化時期：**學習者藉由練習，精進第一階段學到的動作模式，以達到所需的技能執行水準。

簡提爾發現，有必要將動作技能學習的研究成果，與技能習得的工作模型相結合，她認為自己的研究不只是達成這一目的的實用手段，也是此領域日後更多研究的起點。

一年後（一九七三年），尼克森（John E. Nixon）與洛克（Lawrence F. Locke）的〈體育教學研究〉（Research on Teaching in Physical Education）發表在教育學教科書《教學研究第二手冊》上。[3]他們以簡提爾的模型為依據，描述並強調技能習得過程中，老師與學習者雙方同時並存的責任。他們提出的架構，是「冠軍模型」的基礎。

一九七五年，施密特（Richard Schmidt）提出運動控制的基模理論（the schema theory of motor control），主張動作程式（motor program）包含許多通用原則，能適用於不同環境或情況。**基模**是認知心理學的概念，其定義為一種思考或行為模式，能組織不同類別的資訊與資訊間彼此的關係。亦即，基模是某任務或某事物的心理表徵。施密特的理論中，基模中包含的通用性原則，能夠下達指令，進而做出指定的動作。學習新動作時，個人可能依據可選的參數（參數指某動作的特徵，如需要的速度或力量等）產生新的動作模式，也可能把既有的動作模式加以精進和應用，視學習者之前對該動作的經驗而定。

動作基模的運作，可藉由用不同方向或不同距離的丟球來說明。練習不同方向或不

---

2 作者註：Ann M. Gentile, "A Working Model of Skill Acquisition with Application to Teaching," *Quest*, Vol. 17(1):3–23. DOI: 10.1080/00336297.1972.10519717。

3 作者註：John Nixon, and Lawrence Locke, "Research on teaching physical education," *Second Handbook of Research on Teaching*, (Ed. R. Travers) (Rand McNally and Company, 1973)。

同距離的丟球時，會學到動作參數和不同動作結果之間的關係。這份資訊收集在兩個基模裡：第一個基模稱為**記憶基模**（*recall schema*），會連結動作結果與參數。第二個基模稱為**辨識基模**（*recognition schema*），會連結某動作預期的感覺結果和動作結果。記憶基模負責啟動並控制一個動作，辨識基模加以評估，並將結果儲存，以供未來使用。

施密特認為，動作執行後，有四筆資訊會得到儲存：

1、該動作起始時的環境條件；

2、該動作的特定要求（如速度、力量等）；

3、該動作的感覺結果（即執行該動作的感覺）；

4、該動作的結果[4]。

施密特的研究成果有重大意義。他提出一個概念，即通用動作程式（generalized motor programs）可加以改造並應用到多種不同動作，在把動作技能學習理論應用到運動技能的學習上，跨出了一大步。

艾瑞克森是研究專業技能領域的國際知名學者。他提出的「刻意練習」概念廣泛應用於多種領域，但此概念在運動方面，尤其團隊運動方面的角色，一直並不明確。艾瑞克森相當多產，他在專門技能領域的研究，使技能習得與成就的過程往前跨出重要的一步。他在二〇一六年與普爾（Robert Poole）合著的大作《刻意練習》（*Peak*）中，詳述他的研究與發現。

要將艾瑞克森的研究結果應用於運動領域，有幾項研究特別重要。一九八〇年在卡內基美隆大學，艾瑞克森與同事發表〈記憶技能之習得〉（Acquisition of a memory skill）[5]，如篇名所示，這是關於記憶的研究。一九五六年，心理學家米勒（George Miller）在一篇關於短期記憶的知名研究中主張，人類大腦的短期記憶區，平均可儲存五到九筆資訊。艾瑞克森與同事的研究宗旨，則是要看看規律的高強度集中練習，是否能擴增記憶能力和智力一般的大學生受試者的短期記憶容量。每次練習中，會以每秒一個數字的速度，把隨機數字序列提示給受試者。因為任務相當困難，時間太長則無法維持這麼高度的專注力，故每次練習約持續一小時，每週練習三到五次。

受試者聽取隨機數字序列後，必須憑記憶複誦。若複誦正確，下一個提示序列會增

4 作者註：Richard A. Schmidt, "A schema theory of discrete motor skill learning," *Psychological Review* (1975); 82(4), 225–260. https://doi. org/10.1037/h0076770。

5 作者註：K.A. Ericcson, W.G. Chase, and S. Faloon, "Acquisition of a memory skill," *Science*, June 6, 1980; 208(4448):1181–2. doi: 10.1126/ science.7375930; PMID: 7375930 DOI: 10.1126/science.7375930。

加一個位數；若複誦有誤，下個序列則會減少一個位數。研究者想記錄的不僅是受試結果，他們對受試者經歷的過程也很感興趣。很快地經過一半的試驗後，他們會隨機選擇，請受試者口頭陳述他們在試驗中的想法。同時每次練習結束後，也會要求受試者盡可能回想練習中的材料。

經過二十個月密集訓練（合計二百六十四個小時），受試者記憶隨機數字序列的能力，穩定從七位數進步到八十二位數。記憶能力大幅進步，主要歸因於受試者利用長期記憶及回想法，所構思出的記憶策略。回想法指的是聯想助記法（mnemonic associations），也就是替需要記住的數字序列加上額外涵義，以幫助記憶的方法。比方數字序列4、1、3、2可儲存為**四分十三秒二**，是高手跑一英里所需時間。又比方語言上可利用縮寫、口訣等幫助記憶，如把彩虹七個顏色的首字母組成單字ROYGBIV等。受試者的短期記憶能力似乎沒有改變，但與其他記憶專家相比，他們習得的記憶技能已經達到專家水準。這項研究揭示了高強度集中練習在技能習得與應用上的正面效果。

接著進行的研究，由上一份研究中的受試者擔任教練指導新受試者，同樣學習記憶隨機數字序列的技能。教練指導效果在學習的早期階段特別顯著，在頭三天練習中，受試者的記憶能力就從十位數提高到十九位數。經過二百八十六小時的訓練，新受試者能記住六十八位數，而經過八百小時的訓練後，記憶的數字位數增加到一百零四。

兩份研究中的第一份，描述了刻意練習過程中的組成部分。受試者有特定目標，每次嘗試後都有立即的回饋，且目標會依每次嘗試結果進行微調。任務具挑戰性；困難且帶來不適感，並用以下兩種方法提升受試者對任務的理解：首先要求受試者描述自己的策略，即為了記住數字序列所創造的心智表徵；其次在每節練習結束後測驗記住的內容，而不僅是要求受試者回想。

受試者會遭遇停滯期，亦即進步緩慢或沒有進步的時期。在一開始的沮喪感後，他們會找出新的（對受試者而言為新的）進步方法，進而帶來表現的突破和進步。

第二份研究則探討專家教練在技能習得過程中所帶來的價值。這兩份研究建立起刻意練習的基本架構：首先要有特定目標，接著在專家的訓練及回饋之下，固定進行短時間、刻意、有挑戰性，及帶來不適感的練習。

一九九三年，艾瑞克森與同事在期刊上發表〈刻意練習在習得專家級表現中的角色〉（The role of deliberate practice in the acquisition of expert performance）[6]，文

6 作者註：Ericsson, K. Anders Krampe, Ralf T. Tesch-Römer, Clemens, "The role of deliberate practice in the acquisition of expert performance," *Psychological Review*, 100(3), 363–406. https://doi.org/10.1037/0033-295X.100.3.363。

中提到在音樂領域進行的兩項研究。其一是以不同能力的小提琴演奏者，另一是以不同能力的鋼琴演奏者為對象。目標是觀察經過一段時間刻意練習的效果。他們認為，刻意練習雖是技能習得／應用過程中重要的一環，受試者在刻意練習活動上所花的時間，也是重要的區別因素。他們指出，專業表演者與一般表演者的差別，不在固有天賦上的差異，而與他們投注在刻意練習上的時間直接相關。研究者表示，專業表演者花了十年或十年以上的時間，投入集中高強度練習，才把表現提升到專家水準。若能將刻意練習在這段時間中做最適分配，更能收事半功倍之效。

這個結論也導致「十年／一萬小時法則」的出現。該法則由暢銷作家葛拉威爾（Malcolm Gladwell）在二〇〇八年的著作《異數》（*Outliers*）中提出後曾大為風行，但之後廣受指謫，其正確性確實也值得商榷。我說它不正確，是因該「法則」把精通某特定領域專業技術的路徑，簡化為定量的刻意練習，但精通不同任務所需要的時間顯然不會一樣。例如艾瑞克森一九八〇年研究中的受試者，只花了二百六十四個小時，就達到記憶專家的水準。該法則也未考慮到其他重要因素，例如學習者參與的練習活動品質，或他們接受的教練品質等。

因此，藉由刻意練習達到專家水準，過程中的要素為：定義特定目標，規律進行短時間刻意／有難度／帶來不適感的練習，專家的指導與回饋，及持續一段時間進行上述活動。必須承認的是，在運動領域應用刻意練習時，固有的身體天賦確實在等式中占有相當的分量。比如說，身高不足一百八十三公分的人很少能打ＮＢＡ，就像身長二百一十三公分的體操選手也很少見。

上述實驗中的活動都屬於閉鎖迴路式的活動。也就是實驗環境受控，沒有隨機變數，也因此學習者能看見自己的努力與進步之間明確的關係。自己愈認真愈專注，教練品質愈好，表現成果愈佳，距離專業水準也愈近。

二〇〇二年，沃爾夫博士（Dr. Gabriele Wulf）發表〈藉由外在注意力焦點回饋，強化運動技能學習〉（Enhancing the Learning of Sport Skills Through External-Focus Feedback）一文，在研究中探討注意力焦點及回饋與運動技能學習的關係。[7]這份研究發現，若要求運動員聚焦在外在提示（亦即該動作產生的效果，例如投籃時專注於讓球碰到籃框）而非內在提示（即負責該動作的身體部分或幾個依序負責的身體部分，例如投籃時專注於手腕的繃緊程度），那麼不管在技能學習或訓練後的技能維持上，都有明顯進步。此外，她也發現學會使用外在提示（包含提示與回饋）的運動員，在不同回

7 作者註：Gabriele Wulf, Nathan McConnel, Matthias Gärtner, and Andreas Schwarz, "Enhancing the Learning of Sport Skills Through External-Focus Feedback," *Journal of Motor Behavior*, 2002, Vol. 34, No. 2, 171–182。

饋條件下都能有進步。換言之，不管是每次嘗試後都給回饋，還是每三次嘗試後給予回饋，得到的進步都差不多。相較之下，學習使用內在提示的運動員，給予更多回饋反而帶來負面影響——回饋給得愈頻繁，運動員進步幅度愈小。這份研究的結果與一般認知相反，更多回饋並未帶來更多學習。學習效果如何，回饋的架構與表達方式是主要的區別因素。

最後別忘了，沒有腦部下達指令，身體什麼也做不了，所以控制運動技能的神經通道強度，和執行運動技能的肌肉一樣重要。學習或修正技能時，要問的基本問題是：我們是要改變舊習慣，還是要建立新習慣？包括科伊爾（Daniel Coyle）在其著作《天賦密碼》（*The Talent Code*）中提到的研究在內，許多研究都主張，建立新習慣雖然一開始比較困難，但在基本技能的習得及精熟上，建立新習慣其實比改變舊習慣更有效率。習慣就是神經通道，是由前置條件（antecedent）[8]及隨後的反應，加上某種形式的增強（reinforcement）[9]而建立。神經通道藉著神經元的髓鞘形成（myelination）[10]得到強化，使反應更為便捷（前置刺激到達大腦，大腦經由髓鞘包裹的神經元傳送訊號，神經元再啟動肌肉完成任務，得到增強）。神經通道用得愈多，包裹神經元的髓鞘質就愈多，神經訊號傳導也愈快愈強，習慣也就更根深柢固。若神經通道不再使用，訊號強度可能會慢慢變弱，但通道本身不會改變。因此，建立新的通道並使其髓鞘化，會比試著改變既有的通路來得更快更有效。

進入冠軍模型的討論之前，我了解也承認在技能習得與動作程式發展上，還有其他不同看法。不同的研究催生了動作技能學習的其他構想，例如伯恩斯坦（Bernstein）的動態系統理論，和紐威爾（Newell）的限制模型等。我在本書中談到的，是我教練生涯中印證過有效的研究與原則，但這不代表本書就是動作技能學習理論的聖經。讀者可自行參閱這個領域的其他研究，選擇其中最適合自己的原則與方法。

8 譯註：行為功能分析中，有所謂行為分析ABC，指行為發生前的前置條件／刺激（antecedent），行為（behavior），及行為的後果（consequence）。

9 譯註：或稱強化，是心理學中的重要概念。指人或動物為達某目的而採取特定行為，該行為對這個個體產生有利的後果時，此行為就會在日後重複出現。這個過程稱為「增強」。

10 譯註：或稱髓鞘化，指在神經元的軸突表面形成臘樣物質（即髓鞘）的過程。髓鞘的作用類似絕緣體，能提高神經元之間訊號傳遞的速度與效率。

5	6	7
修正或重複目標／基模步驟（使用Column 1及Column 2） 找出下一次技能嘗試要做的改變	· 重複技能嘗試（使用Column 3、4、5） 或 · 嘗試技能應用（Column 7）	· 應用技能 · 設定並執行競技意圖 · 權衡狀況與調整
協助運動員找到適當的技能修正處或進程（使用Column 1及Column 2）	· 重複技能教學（使用Column 3、4、5） 或 · 往技能訓練邁進	· 競技前／中的系統與策略 · 針對選手需要進行教練工作 · 檢討
參考目標與技能基模欄位（Column 1與Column 2）	· 使用之前提到的所有技能習得原則／行為（Column 1-6） 或 · 往技能應用原則／行為邁進（Column 7）	· 專項化 · 情緒控制 · 決策 · 最大努力 · 心理專注

	1 →	2 →	3 →	4 →
選手責任	·設定目標 ·確認技能 ·設定學習意圖	·形成技術基模	·嘗試技能	·處理回饋
教練責任	·設定目標 ·建立動作程式＋技能構成 ·示範技能	·發展運動程式	·反應最佳化	·給予初步及增回饋
指導原則與行為	·目標呈現 ·資訊處理 ·示範 ·關鍵指令 ·外在提示 ·教學方法 ·學習者意圖	·特定性vs. 通用性 ·移轉 ·整體vs. 部分練習 ·情境關聯記憶 ·區塊vs. 隨機練習 ·進程	·練習環境 ·練習 ·反應機會 ·集中vs. 分散練習 ·訓練結構 ·倦怠 ·心理投入	·回饋 ·只針對目前重的關鍵指進行教學 ·訓練的目標 ·競技 ·測驗 ·資料

基於尼克森和洛克（1973）所發展的模型

Column 1

	1
選手責任	·設定目標 ·確認技能 ·設定學習意圖
教練責任	·設定目標 ·建立動作程式+技能構成 ·示範技能
指導原則與行為	·目標呈現 ·資訊處理 ·示範 ·關鍵指令 ·外在提示 ·教學方法 ·學習者意圖

選手責任

選手必須進行訓練、學習和競技。這個過程必須加以確切描述。成果目標是我們希望達成的目標，但訓練是環繞著任務目標和每日目標進行。以技能或系統為中心的任務目標則是要致力完成每日目標才得以實現。開始練習前，選手應該要知道目前練習的是哪些技能，或者是一個技能的哪些部分，並且帶著願意嘗試、願意學習、願意做出必要改變的意圖來練習。「示範」在技能確認與基模建立過程中扮演重要角色，但大多數選手在觀看示範時，都只注意到結果；高明的學習者看的則是示範者做到了什麼，才產生這樣的結果。

藉著這個過程，選手得以按部就班，在達成任務目標所需的各種技術層面上層層精進。把這些技術層次想像成樹木的年輪，就能了解這不是一口氣能添加上去，而是經年累月層層疊加的。整個歷程循序漸進，不是一朝一夕所能成就。

這並不是說突破就不可能發生。一切突然「到位」，短時間內看到明顯進步的情況是可能的。學習的過程並非線性。你也許努力想達成某個每日目標，經過四天訓練卻一無所獲，感覺好像到了撞牆期。但突然間（其實沒那麼突然）到了第五天，你茅塞頓開，一切豁然開朗。你達成了那個每日目標，習得新的技術層次，朝任務目標又更邁進一步。

教練責任

教練必須教學、訓練並輔導選手。要教人，得先決定究竟要教什麼，再決定要怎麼教。首先，得找出與達成成果目標最高度相關的是哪些技能、哪些行為、哪些作戰系統、需要達到怎樣的執行水準等，據此為你的選手訂定任務目標與每日目標。接下來，運用指導原則，建立你要選手學習的動作程式——也就是為了能盡量有效且高效地教學，需要定義的技能與技能構成，以及關鍵指令與其他必要元素。最後，光是對選手講述任務與每日目標還不夠，必須實地示範給他們看。須由教練或由另一位選手示範，才能使所有人清楚了解需要完成怎樣的技能任務。

指導原則與行為

目標呈現

在本書Part 1中，我們探討過成果目標的設定。我們提到，不管這是個人目標或團體目標，都應該符合SMART原則：明確（specific）、可衡量（measurable）、可達成（achievable）、務實（realistic），且要有時間限制（time-bound）。剛開始接觸網球不久，就設定要成為世界最佳網球選手的目標，就不SMART了——這個目標太過不切實際。

成果目標確立後，就可以展開持續進步、逐步達成目標的過程，這時你如何述說這個目標，以及支撐這個目標所需要的行為，就變得很重要。成果目標必須有清晰、正確的定義，但其呈現、表達的方法則有很多種。在我的經驗中，以下機制極有助於清晰地陳述目標，使目標被理解和被貫徹：

- 使命宣言
- 願景宣言
- 行為標準
- 價值觀
- 規定

使命宣言

有意義的使命宣言，必須包含你希望達成的目標，以及為達成這個目標所需要的技能和行為。技能和行為的具體細節不一定必要，可以粗略勾勒幾筆帶過，但目標一定要清楚，所有人讀過之後都能充分理解你想要達成什麼，以及他們需要貫徹什麼樣的行為，面臨怎樣的行為期待。使命宣言應該要能反映選手的心聲，這樣才能喚起選手與目標之間的智性與情感連結，在每個人心中滋長真正的歸屬感和責任感。

二〇〇五年開始帶領美國國家男排隊時，我認為有必要為這四年一度的重要賽事制定一個清晰的目標和一份使命宣言。表面上看，這似乎有點老套，甚至了無新意，但我相信若目標沒有清楚說明，若需要貫徹的相應行為沒有確切描述，我們不會有太大進展。

奧運後的第一個夏天通常都比較放鬆。二〇〇五年有幾項主要賽事：世界排球聯賽（World Leauge，現改名排球國家聯賽〔Volleyball Nations League，VNL〕，我們那時沒有參賽）；中北美洲和加勒比地區排球錦標賽（NORCECA）；還有一個叫做世界大冠軍盃（Grand Champions Cup）的比賽，是在日本舉辦、由六支隊伍參賽的錦標賽，分別是五個地區冠軍（非洲、亞洲、南美洲、中北美洲和加勒比地區與歐洲）及主辦國日本。那個夏天還有美洲盃（是排球賽而非帆船賽），有來自南北美洲的最強隊伍，比賽地點在巴西阿雷格里港。

我為美國男子隊訂下的主要後勤目標之一，就是把訓練地從科羅拉多泉移往位於海平面的場地。奧運訓練中心儘管設施完善，並擁有優秀的支援人員，但高海拔對我們而言是個大問題。排球運動中，發球和一傳（接發球）的重要性非比尋常。良好執行這兩種技術的能力，往往是左右比賽結果的關鍵。科羅拉多泉地處高山沙漠地帶，海拔近兩千公尺，排球在這種海拔高度的移動方式，與在平地有相當差異。一般男子排球的跳發旋轉球，球速約為每小時一一三公里，在科羅拉多泉會比平地多飛九十公分，因為此地空氣稀薄，空氣施予球的壓力，比低海拔密度較高的空氣施予的壓力低，球就飛得更遠。

奧運所有主要賽事，包括奧運及奧運資格賽，都是在平地舉行。這對我們而言極為不利。美國排球協會放出消息，徵詢有意願接待我們的城市，結果南加州的安那翰市表達強烈興趣。因此，前往阿雷格里港之前，我們先到安那翰訓練兩週。當時幾乎所有隊員都已歸隊，而且大家都要在安那翰希爾頓飯店住上兩星期，我便決定找一個下午停練，來搞定使命宣言。

包括球員及隊職員在內的所有人都集中到會議室，開始討論應該訂出什麼樣的目標。我心中認為本隊的成果目標，當然是要試著贏得北京奧運。我覺得文化上，美國隊就必須以奪冠為目標，不管當時這目標顯得多麼遙不可及。

於是我若無其事地把「成為奧運冠軍」這個想法提出來，果不其然，立刻遭遇強烈反彈。奧運奪冠的想法美則美矣，現實情況卻不那麼樂觀。巴西隊是上屆奧運優勝隊伍，也是世界冠軍，他們比我們快；俄羅斯隊比我們高；塞爾維亞技術比我們好。二〇〇八年奧運的奪冠熱門隊伍除了以上幾個，其他大概還有六支隊伍。我們「想」奪金都很難說出口了，何況是說我們「會」奪金。

再說，想談奪金，還得先通過奧運資格賽這一關。世界上參與排球運動的二百二十二個國家中，能拿到奧運門票的只有十二個。二〇〇四年雅典奧運資格賽裡，美國隊以三比二擊退古巴，但決勝盤是以十五比十三險勝，過程相當驚險。只要這裡掉一分，那裡掉一分，四年心血就付諸東流。也因為如此，二〇〇五年的美國隊很抗拒把「奧運冠軍」當作目標。然而，經過進一步討論後，大家終於同意，這個目標雖然看起來很狂，很不可能，很癡心妄想，但它確實是本隊的正確目標。

有了這個共識後，我們把大家分成小組，每組中都有教練／隊職員和球員，討論大家認為我們該展現出哪些行為，才能為自己創造達成目標的最大機會。

討論完大家再集合，各組輪流上台分享他們的想法和點子，我負責把這些寫在白板上，讓每個人都能看見。各組都報告完後，我便提出是否能讓我用眾人腦力激盪的結果，來建構一份使命宣言。他們說可以，於是再經過一些思考和文字修飾後，我們的目標與使命宣言誕生了。接下來幾天我們進行最終定稿，並取得所有人的同意和簽名，之後才動身前往巴西。

無論時至今日或回到當時，假如你問我們球隊成員對於把奧運冠軍寫進那份文件有何看法，我相信他們都會說那麼做似乎有點超過，雖然從歷史角度看並非如此。總之，公開表述並矢志追求我們的目標，至少產生以下兩個非常重要的結果。第一，過程中每個人都表達了意見，他們的聲音得到傾聽，他們親身參與了目標設定與使命宣言制定的過程。第二，我們的計畫即刻內建了一套責任機制。既然都說了要以奧運奪冠為目標，行動上自然也要配合。要是都公開表明了要追求冠軍，卻說一套做一套，不免會讓人看低。

後來，我們在美洲盃決賽以五盤打敗二〇〇四年奧運冠軍巴西隊（與二〇〇四年奧運時相同陣容）。這之後，感覺我們的目標沒那麼不切實際了。

當時的使命宣言是這樣的：

美國國家男子排球隊

使命宣言

美國國家男子排球隊的使命，是成為二〇〇八年北京奧運冠軍。身為球隊一員，我們會傾盡全力，追求此一目標。

我們矢志成為精益求精的運動員，全身心投入，努力不懈，實現個人與團隊的潛能。

比賽中我們將奮戰到底，在戰況最膠著時，依然處變不驚，全神貫注。

我們時時刻刻都將致力於在思想上和行動上代表我們自己，代表我們球隊和我們的國家，並以此為榮。

這份宣言無時無刻提醒著我們，我們想成為怎樣的人，想完成怎樣的志業。文字化成了行動，四年後奧運結束時，當初寫下來的每一件事，我們都做到了。這是一份充滿力量、能夠催生巨大改變的文件。

里德．普里迪（Reid Priddy）

普里迪參加過四屆奧運（二〇〇四、二〇〇八、二〇一二和二〇一六年），得過兩面奧運獎牌（北京奧運金牌，及里約熱內盧銅牌），之前也參加國際排球總會（FIVB）與美國排球專業協會（AVP）舉辦的沙灘排球巡迴賽。

你記得我要大家弄出一份使命宣言那時的情況嗎？

里德．普里迪▶記得啊，我記得很清楚。那天突然說不練球，要大家在飯店開會。而且還不只一個會，好像開了幾場，我記得那時還心想，**現在我們不是該在場上揮汗練球嗎？怎麼在房間裡聊天？**教練你皮夠厚，才挺得住那時候朝你丟過去的飛鏢。那天大家被拉去那兒都很不甘願。

後來我們寫下來，說要成為二〇〇八年奧運冠軍，但覺得自己根本沒資格寫那種東西。二〇〇八年之後寫的話還有道理，但二〇〇五年時寫那個就感覺很沒意義。要是讓其他球隊看到，我們會被笑死。我們球隊的討論度不高，表現沒有蒸蒸日上，也不是最被看好的隊伍。沒人會說，**喂，要小心美國隊**。

好啦，那麼寫是有點超過，但我一直覺得對我們來說，那是正確的目標。真的一直都覺得沒有意義嗎？

里德．普里迪▶後來就是走過整個過程。大家都投入其中，但是要到金牌掛在我脖子上的時候，我回頭看，才發覺使命宣言是這一切的起點。我心想，**啊我懂了！我知道為什麼要做那個了！**就連在二〇〇五、二〇〇六，和二〇〇七年賽季結束後，我想我都沒真正明白，每天練習都要從站在白板前面開始，到站在白板前面結束（練習內容寫在白板上讓大家看），每次練習的開頭和結尾都要提到使命宣言，我一直沒有明白，是這些動作幫助我們把上面的精神實踐出來。使命宣言後來成了我們自我認同的一部分。

可以多談談你認為這一切怎麼發生的嗎？

里德．普里迪▶教練你推了我們一把。不只是你，還有你的團隊職員。你們不斷提醒我們，要帶著目標練習。我們很清楚自己的目標，我們做的每件事都與那個目標一致，就是要贏得二〇〇八年奧運。如今我回頭看，很清楚，那個目標和那些價值宣言是這一切的基礎。這個基礎強而有力，能夠形塑你的人生。

從使命宣言的這整個過程中，你學到什麼？

里德．普里迪▶二〇〇八年我有什麼領悟？那個經驗教會我什麼？老實說，那之後有整整九年時間，我一直在迴避內心深處的念頭，那個念頭說，**里德，你都看見使命對你的職業生涯來說有多重要了。假如你對現實人生的使命也認識得那麼透徹，會發生什麼事？**我一直在閃躲這個問題，直到二〇一八年，才終於直面我人生中的為什麼，而這成就了如今的我。我一直想從這個過程的經驗裡汲取養分，那是一段對我影響很大、很快樂的時光。非常有影響力。大家可能會以為這是適用於組織、團體的機制，但事實上這對個人來說也非常有效。

願景宣言

願景宣言並非以某特定目標為中心，也不必然像使命一樣具有時間限制。願景通常訴求的是想像中的某件事，並引導我們去讓這件事成真。願景宣言往往會作為情感或概念上的訴求，並以此形塑未來行為。在極為重視勝敗結果的運動領域，願景宣言常被用於闡述團隊的長期目標或訓練計畫的改變，而不大用來陳述特定成果目標。舉個企業界的例子，Nike的願景宣言為：「我們看到一個人人都是運動員的世界，大家因運動的喜悅而凝聚在一起。憑藉對運動的熱情和對創新的直覺，我們要為全世界的每位運動員帶來啟發，讓運動成為每天的習慣。」

當初設定要成為奧運冠軍的成果目標，某種程度上也可說是我們的願景宣言。奪冠的畫面，確實鮮活地存在於隊員的想像之中，也充分說明了我們想要成為一支怎樣的隊伍。如果手上有四年時間，每天心中抱定同一個目標練習，在這種情況下使命與願景可能合而為一。但若時程比較短，也許你就需要另一套機制，來把成果目標與所需的行為連結起來。

行為標準

不是每支隊伍都具備使命或願景宣言所需要的情緒範圍[11]和情緒成熟度，也不是每支隊伍都有四年的時間來達成使命。但目標及使命若由教練單方面提出，強加在球員身上，過程中完全沒有球員的參與，那效果大概就跟做一件上面印有「團結力量大」的T恤，然後以為把T恤穿在身上就會有用差不多。

在使命或願景宣言都付之闕如的情況下，可用制定行為標準來替代。由你訂出需要的行為，再由大家承諾，比如「接下來的六週裡，我們都要做到這六件事」。或者，也可以先用「下個星期我們都要做到這件事」開頭，之後再慢慢擴充。奧林匹克運動員誓詞，就是公開承諾遵守一套行為標準的典型範例。奧運競賽期間，每位參賽者都同意以下宣言：

我們以所有運動員之名宣誓，承諾尊重並遵守規定，以公平、包容和平等的精神，參加本屆奧林匹克運動會。我們團結一心，獻身運動，絕不使用禁藥，不欺騙，不進行任何形式的歧視。為了本隊的榮譽，為了尊重奧林匹克基本原則，為了讓世界因體育而

11 譯註：請參見第一部第三章「領導」。

更美好，我們踐行此誓言。

為期兩週的奧運賽事，有的選手可能比滿兩週，有的選手可能十秒鐘內就結束賽事。不論競賽時間長短，所有運動員都宣誓會採用並遵守這些行為標準。

價值觀

若建立並貫徹行為標準也有困難，還是得有方法來確保團隊持續向目標推進。這時，強調價值觀可能是最好的辦法，從想法一致到行為一致，進而實踐達成目標所需的行為。

價值觀和**行為**這兩個詞的定義，字典上都能查到，但大家真的知道它們的意涵嗎？它們實踐在生活中是什麼樣子？尊重、感激、努力、誠實——這些詞彙的字面意義，也許運動員都曉得，但他們真的知道實踐這些詞彙意味著什麼嗎？言語和行為應該要清晰且密切契合。運動員應該言行一致。

二〇一四年我在明尼蘇達大學帶領的球隊，是一支年輕的隊伍。他們求好心切，但正因為年輕、缺乏經驗，他們不知道如何應用和實踐那些達成目標所需要的行為。因此，我們並未擬定使命宣言，而是列出一張核心價值清單，並對清單上的詞彙，給出我們自己的定義。我們製作價值觀海報，把海報張貼在更衣間、辦公室，還有共同活動區域，讓大家能常常看見。

二〇一四年的賽季很艱辛。球隊戰績十九勝十一負，這個戰績並不差，但並未達到NCAA錦標賽參賽資格。那是十五年來，球隊首次沒拿到參賽資格。但我們撐過了那個賽季，在接下來的春季和夏季繼續努力，終於在二〇一五年以三十勝五負的戰績奪下聯盟冠軍，挺進NCAA最後四強，最終在全國準決賽中落敗。這是一趟驚奇之旅。其實二〇一五年，球隊是有一份使命宣言的，這對該賽季有著絕對的幫助，更重要的是，宣言裡的詞彙有生命，也有意義。這都要歸功於這份二〇一四年的價值觀清單：

明尼蘇達排球隊核心價值

苦練——每件事都全力以赴，這是本訓練計畫的基石。

學習——以及精熟排球技能與作戰系統的過程。

競技卓越——（無論在練習或在比賽中）只要踏上球場，為了贏得比賽我們會說一切該說的，做一切該做的。

態度與感恩——我們選擇以正面態度面對一切，對自己擁有的與他人的協助心懷感激。

係。

真誠的在乎與關心——對隊友展現真誠的在乎與關心，致力於發展、培養彼此的關係。

堅忍不拔——意志堅決，不屈不撓，永不放棄。

正直——永遠選擇做對的事。

團結——以團隊優先，想方設法幫助團隊及隊友。

對價值觀下定義，有助於選手實踐這些價值觀，長期而言效果不容小覷。光是知道並不夠，還需要真正的理解。

規定

所有運動員和團隊都需要規定，但我的經驗是，規定愈少愈好，少絕對就是多。物理學家沃爾夫勒姆（Stephen Wolfram）在其著作《一種新科學》（*A New Kind of Science*）中提到，「簡單的規定能造就複雜的行為。」[12]我想他是對的，我認為他的結論也適用於物理之外的其他領域。反之，規定太多，造就的是乖乖牌，也就是因為害怕負面結果而聽令行事的人。一個口令一個動作，毫無複雜度可言。

規定少，遇到情況的處理自由度就大，能確保其中的人得到合適的處置。規定愈多則彈性愈少，但我們希望能根據不同狀況發揮教練的專業判斷，而不是被規定綁手綁腳，礙於規定第一條第三款、第四節第二段的規定，不得不作出有違自己本意的處置。教練的職責，是在知識傳授與權能賦與上提供穩定的觀點，不能只負責援引和執行規定。教練應透過言教身教，引導隊員選擇有助於達成目標與成就的行為，而不是光坐在一旁指手畫腳，罰這個罰那個。

即使清楚定義的目標與使命宣言都已齊備，在某些具體行為（如「守時」或「去上課」）的強化及鼓勵上，規定還是有其效果。此外，規定也能傳達行為期望，舉美國男子排球隊使命宣言中的一小段為例：「我們時時刻刻都將致力於在思想上和行動上代表我們自己，代表我們球隊和我們的國家，並以此為榮。」如果把這當作一條「規定」，其實就涵蓋相當廣泛的行為層面了。

在隊上，隊員通常會希望違反隊規的隊友受到懲罰，其想法不外乎：**如果某某人不用遵守隊規，那我為什麼要遵守？**或者**如果違反規定也不會怎樣，那幹嘛要遵守呢？**我覺得我們應該重新思考隊規訂立的宗旨。之所以訂立隊規，是為了幫助選手達成他們的共同目標——換言之，違反規定的後果，就是讓自己與團隊暴露在無法達成目標的風

---

12 原書註：Stephen Wolfram, *A New Kind of Science* (Wolfram Media; 1st edition, 2002)。

險中。舉例來說，假設有一條關於守時的隊規，而某位隊員遲到了，那麼浪費了這幾分鐘練習時間或比賽機會所產生的影響，就是他遲到的後果。沒有把握時間，又失去教練和隊友的信任，就是遲到的後果——遲到的後果不是得面對某個懲罰。與其要求伸張正義，隊友其實可以從更有同理心的角度來回應。比如可以想想，我的隊友為什麼遲到？是不是需要什麼幫助？若是，那我能幫上什麼忙？大家心裡要明白，違反隊規傷害的不只是當事人，也傷害到整個團隊。

理想上，你希望選手會選擇做某件對的事，是因為那麼做是對的。選手遵守規範的誘因，應該是因為這麼做有助於團隊達成目標，而不是因為不這麼做會受罰。但若某規定並不支援團隊目標，那麼這條規定的必要性也許應該重新考量。

資訊處理

人腦雖然高度複雜並擁有強大處理能力，但認知研究專家普遍認為，在資訊處理上，人腦能力有限。研究者已經找出處理輸入訊息時的瓶頸，這些瓶頸會阻礙我們處理與保留資訊的能力。[13]其中已知的是，訊息量過大，會超過學習者的負荷。此外，說話會占用到練習時間，所以務必長話短說。既然說話會排擠練習時間，又有讓學習者訊息超載的風險，請務必字字珠璣。

示範

在傳授動作技能時，語言的效果十分有限。**高一點**或**快**等用語雖然有一般含義，但對於確切的身體位置或複雜的動作順序等概念，常無法正確傳達。動作技能學習方面的研究顯示，使用觀察練習與學習法（observational practice and learning），動作資訊較能被保留在記憶中。看到某技能被同儕或教練成功執行，或觀看正確示範的影片甚至照片，都有助選手形成心智模型（mental model），並嘗試模仿。

教練應該具備能正確執行「關鍵指令」（keys，詳見下段）及技能構成的能力，才能為球員示範動作。不過由教練示範雖好，同儕示範效果可能更佳。比方我帶大學校隊，我可以示範動作，但畢竟我不是年齡在十八到二十一歲之間的女生。除了由我示範，若再加上隊友或播放影片示範，效果似乎更好。

身為教練，我們的工作是使球員和他們的每日目標、任務目標發生連結。語言在此過程中往往效率不彰，但語言若搭配上示範，就能幫助球員理解別人對他們的要求到底是什麼，並幫助他們進行必要的改變。最後，假如你無法示範某項技能，至少一定要能

13 原書註：René Marois and Jason Ivanoff, "Capacity limits of information processing in the brain," *TRENDS in Cognitive Science*, Vol. 9, No. 6 June 2005。

「教」。提醒學習者注意示範動作中正確的要點，對於有效學習至關重要。

關鍵指令

教練需要為運動的基本技能建立「技能構成」（skill constructs）。技能構成是一套架構，藉由把資訊「切塊」或拆分成小而能夠處理的部分，以呈現這些基本技能中最關鍵的要點。之所以說「最關鍵的要點」，是因為我建議要把這些技能提煉到剩下其最純粹的本質。留下技能中所有對有效及高效執行必要的部分，去掉其他非必要的部分。關鍵指令要說的言簡意賅，比如「重心往前」、「隨球揮桿」或「手臂打直」。

這些一小塊一小塊的技能資訊，就稱為**關鍵指令**。用關鍵指令呈現資訊，運動員會比較容易了解，比較容易記住並應用出來，教練在表達上也更有效率。既然大腦處理資訊能力有限，每項技能的關鍵指令要盡可能少。短期記憶的研究顯示，大多數人能留住的資訊筆數在五到九筆之間，[14]為了照顧到所有學習者，把某技能的關鍵指令數目限制在五個或五個以下，應該是相當合理的。

外在提示

前面提到過沃爾夫的研究。該研究的重要性，在於喚起大家對運動員學習過程中注意力焦點（內在或外在）的注意，並主張教練的回饋與關鍵指令在設計上應該把這點納入考慮。在此之前的研究，多半建議教練利用回饋及指導，引導選手做出正確動作。許多研究的重點都圍繞著回饋的種類和給予回饋的頻率；沃爾夫提出的運動員注意力焦點，是個全新的考量。根據「引導假說」[15]（guidance hypothesis），教練應針對技能執行中最需要改變或進步的部分，對運動員提供口頭回饋。[16]這個回饋通常會提及選手身體的某個部分及其位置，或身體的幾個部分及其動作順序。但這個假說有其限制，特別是當回饋頻率太高的時候。

沃爾夫開始研究注意力焦點的影響，稍後也探究注意力焦點與回饋頻率的關係。根據她的定義，「內在注意力焦點」指的是涉及選手身體部分及其動作的提示；「外在注意力焦點」則指涉選手的動作對其環境產生的影響。在對新手及進階程度的受試者施以排球發球正確度的訓練及測驗後，她發現使用外在提示與回饋教學的組別，比起使用內在注意力焦點教學的組別，進步程度更大，技能的維持程度也更好。

---

14 原書註：Miller, *Ibid*。

15 譯註：引導假說是一個運動理論，描述不同量的結果知識（knowledge of results，簡稱KR）對學習新技能的有效程度。

16 作者註：A. W. Salmoni, R.A. Schmidt, and C.B. Walter, "Knowledge of results and motor learning: a review and critical reappraisal, *Psychological Bulletin*, May 1984; 95(3):355–86。

接著她對受試者使用不同回饋排程，讓這些受試者學習某種足球高吊球，加以訓練後測試其正確度。教學法採用外在提示或內在提示，並給予不同頻率的回饋。採外在提示或內在提示的組別，再各自細分為兩組，分別在每次或每三次重複練習動作後給予回饋。

她再次發現外在提示對於技能的學習與維持更有效，同時也發現在使用內在提示的組別中，回饋頻率會影響學習成效。雖然使用內在提示的兩組，表現都不如外在提示的組別，但接受內在提示且每次重複練習動作都收到回饋的受試者，表現又比同樣接受內在提示但每三次重複練習動作才收到回饋的受試者差。在此條件下，更多回饋並未帶來更多學習。

使用外在提示的組別，比起內在提示組學習效果更佳，但回饋頻率對於表現則未造成顯著差異。在合併使用外在提示的條件下，更多回饋並不會妨礙技能學習與維持。使用外在提示的兩個組別，回饋頻率各為三十三%與一百%，技能表現水準相當。事實上，回饋頻率一百%的組別表現要稍好一些，不過兩者的差異在統計上並不顯著。

這些發現對選手和教練而言有何意義呢？假設我們在打高爾夫，推桿時腦中想著自己的雙腳、雙肩、手臂和手腕的位置與動作順序，而不是盯著球洞、目測形成一直線，並正中球心擊球，那我們很可能打不進洞。在動作進行中，內在注意力焦點可能促使個人去對動作的每個部分進行評估，進而導致過多自我評估或負面的自我對話，造成推桿表現不佳。從內部去聚焦動作的所有細節，會在動作的每一階段造成沃爾夫提到的「微阻塞」（micro-chokes），有礙完整技能的執行。

若要教某人推桿，我們設計的技能關鍵指令，應該要描述推桿動作的動作效果，並提供外在提示，比如推球線、或如鐘擺般擺動球桿，而非聚焦在我們要把球打進洞裡需要做的所有動作。只要用的是外在提示，即使是需要教練更多回饋的新手球員，學習成果也不受較高的回饋頻率所累；程度較高的球員，也不至於因為回饋頻率太高或太低影響進步。結論：可以用外在提示的情況，盡可能用外在提示，但我們也要明白並且接受，選手動的是他們的身體，要設計出完全不提到球員身體的關鍵指令和回饋，是很困難的。

教學方法

有效的教學需要一套定義清晰的教學法——也就是你用來呈現你們運動中的技能及作戰系統的方法，以這套方法提出你的關鍵指令，並讓選手有回應並得到回饋的機會。關鍵指令應該循序漸進。這裡的目的是將學習最佳化，但要記得，你的目的是幫助運動員。教學並不只是原則套用的過程，也是充滿人性的工作，不僅要傳遞重要的知識與資訊，也必須對學習者提供支持與鼓勵。

首先（假設你完全不清楚學習者的技能水準），你先示範一次動作，然後讓學習者做一次看看，就讓他照你示範的做，不提供任何指導，以評估他的能力。這點很重要，教練得先評估學習者目前的能力，再據此提供適當的指導。教練很容易犯的毛病，就是按自己想教的程度來教，但不管你知識多淵博、能力多強，還是得配合學習者的程度來教學。你必須前往他們所在之處，從那個地方開始努力。

初步評估完成後，你把整個動作再示範一次，但要求學習者把注意力集中在第一個關鍵指令上。學習者再做一次動作，注意力焦點只放在關鍵指令上，得到的回饋也只與關鍵指令有關。

當第一個關鍵指令已經達到相當的精熟程度，教練再示範一次動作，但重點擺在第二個關鍵指令。接著讓選手練習該動作，同樣把注意力放在第二個關鍵指令上，若有必要，請他同時要注意第一個關鍵指令。你現在的教學及回饋內容，可以涵蓋這兩個關鍵要點，但要記得大腦處理資訊的能力有限，任務上添加的複雜度愈高，學習者要兼顧不同部分就愈困難。在加入下一個關鍵指令前，務必確認選手在目前的關鍵指令已經達到要求的執行水準。精熟度達到可接受水準後，你可以再示範一次，這次強調第三個關鍵指令，反覆此一過程，直到所有關鍵指令都被涵蓋。

一般而言，這個學習階段的訓練結構比較單純而侷限。還在技能習得階段，尚未跨入技能應用。不過，當技能習得已達足夠水準時，你可以增加訓練的隨機性，加入一些競技的元素，提高（練習內容移轉為競技表現的）移轉率，以展開技能應用的訓練與教學。以排球為例，假設現在在學的是低手傳球（forearm pass），由於球員正試著掌握該技能的基本運作方法，剛開始可能你先以低手拋球給他練習。等做得不錯了，你可能接著要球員兩人一組練習低手傳接球，然後再進展到去接球網對側低手拋來的球。這個階段球員已經可以把低手傳球處理得不錯，但他們需要看到球從網子對側過來，像比賽時一樣，並調整前臂角度，把球墊往代表舉球員的目標物，而不再是墊向站在他們對面的練習夥伴。接下來，你可以站在對側的中場位置，發一個好接的上旋球到場內，讓球員習慣從發球者手上接球，然後你可以發個好接的漂浮球，之後站到底線正常發球。最後，球員要練習三個一傳手（passer）接發球，這時可以跟他們談談接球喊聲、防守空隙的責任歸屬，以及低手傳球技巧應用的主要元素等，不再局限於技能習得。

以上討論過的教學方法摘要如下：

- 示範該技能。
- 讓學習者做做看，以評估其初步能力。
- 示範該技能，焦點放在第一個關鍵指令。

- 讓學習者練習，只針對第一個關鍵指令給予回饋。
- 學習者展現出足夠的精熟度後，再進入第二個關鍵指令。
- 示範該技能，焦點放在第二個關鍵指令。
- 讓學習者練習，只針對第二個關鍵指令給予回饋。
- 重複以上步驟，直到所有關鍵指令都涵蓋。

除了以上的教學方法架構之外，教學還有另一個層面，就是教學本身，也就是你傳遞資訊的方法。此過程的成功，有賴於選手對教練的信任。教練應該自問：「我是相關重要知識與資訊的可靠來源嗎？」假設答案為是，那麼藉由有效的教學與訓練，就可逐步建立球員對教練的信任。要達成有效的教學與訓練，很重要的一步是要減少負面偏誤（negativity bias）[17]。有一點非常重要，教練要幫助運動員，把對自己表現的評估與之後收到的回饋當作單純的資訊就好，而不要當作對個人的責難。簡單一點看，就像草是綠的，天是藍的，你的表現是這樣。教練也可以幫助運動員把其自我價值和球場上表現的好壞區分開來，比如教練可以藉著常常表達對球員的欣賞和喜歡之情，幫助球員建立對自己最正面的觀感，因為人往往傾向往最壞的方向去想。

教練首先應致力於成為五星級的老師，接著自然能成為五星級的教練。我常說，要成為變革的推動者之前，教練必須先成為推銷員。我的意思是，身為教練，在引致任何有意義的改變之前，我們得先讓球員買我們的帳，得向他們推銷。我們必須幫助運動員了解，那些我們要求他們做的改變有什麼價值，又為什麼重要。如果運動員不想改變，或看不出改變的價值，那麼改變的幅度不可能大，最終我們只是浪費了彼此很多的時間和精神。

現在，就好像在銷售二手車，我們「推銷」的是競技卓越過程裡的零部件，也就是基本技能精熟、可重複性、心理韌性、判斷比賽局勢的能力，以及與他人合作無間的重要性等。這些是目標能否達成的重要區別因子。具備天賦及能力的運動員也許能得到一些成功，但隨著在競技的道路上持續向前，任何技術上的無效率都將成為他們獲取進一步成就的絆腳石。不論什麼運動，到了競技的頂層，每個人都很強、很快，都具備在該項運動競技成功所需要的一切身體天賦。到了這個階段，優秀與卓越（或者說A與A+）的區別因子不只是天賦，而是天賦、技能精熟與技能應用的組合。

未來有望進入NBA籃球名人堂的史蒂芬·柯瑞（Stephen Curry）就是極佳的例

17 譯註：負面偏誤是一種認知偏誤，是指即使強度相同，具有負面特質的事物（如不愉快的想法、情緒或社交互動等）對人的心理狀態的影響，比中性或正面的事物更強的現象。

子。他本來就公認是個優秀的籃球員，但一般不看好他具備成為NBA史上最佳球員的潛力。柯瑞有天分，這是肯定的，但讓他脫穎而出的主要原因，是天分加上基本技能的精熟度。二〇二〇年，柯瑞在練習時連續投進一百零五個三分球，打破自己先前創下的七十七球的紀錄。他對投籃基本技能的精熟，加上全神貫注到能夠連續一百零五次成功執行該技能的專注力，無疑是他與眾不同的原因。天賦有其影響，但柯瑞憑藉的不只是天賦。天賦讓他有優異的表現，然而是天賦加上技術才讓他成為卓越。

之前說過，選手在這個改變的過程中有責任，其中一項責任是學習。教練如何使過程更順暢，除了傳授身體技能的基本原理之外，還有賴開發選手學習的心理技能。

說到選手學習能力的開發，有個大家必須先了解並溝通的觀念，即我們現在談的運動學習能力與傳統認知的聰明（也就是「會讀書」）不同。有些運動員可能覺得自己不太擅長學習，因為自己代數沒有拿A；儘管其運動技能與場上當機立斷的能力甚佳，他們還是這樣認為。他們一聽到要「學習」，就想打退堂鼓。你跟他們說他們很聰明，他們會立刻反駁你。他們被制約了，認為「聰明」的評量方法只有一種，與智商和學業成就有關。大家還喜歡說「頭腦簡單、四肢發達」，這種刻板印象也是我們要努力導正的。身為教練，除了讓選手明白智力有不同的展現方式，還要讓他們相信自己絕對有學習並改變的能力。接下來，就要找出最適合該學習者的方法，幫助他們學習並改變。

還有一點值得一提，目前的教育體制非常仰賴數位工具，因此我們的選手在社交互動上，數位的比重也愈來愈高。然而運動並非數位，而是類比的。競技場上不能靠發推特或抖音來脫困。競技時所需要的技能，也不是可以上網搜尋下載的。在競技上想要有最大贏面，必須扎實地學習身體、心理及社會方面的技能，時機到了才能派上用場。

再來就是，你要選擇怎樣的教學風格。教學風格很多，本書要談的主要有兩種：說教式及蘇格拉底式。說教式，顧名思義就是把資訊呈現給學習者，換言之是單向的指導，學生從老師那裡得到資訊與指示。蘇格拉底式，則由老師就學生的理解和經驗向學生提問，放在運動領域來看，就是教練與選手針對某個練習狀況或技能展開對話。這種過程通常由教練問起與選手有關的問題開始，目的是激發批判性思考，並加深選手的理解程度。

教練在教學上應該兩種方法並用。比方說，當練習開始，要講解當日活動或當日練習目標，這時用說教式教學最合適——**我們今天要做的事項有這些**。解說訓練內容或練習時改變訓練方法，也應該採用說教式教學。但在技能習得及應用方面，比如問問選手他們為什麼做某個選擇，或他們執行某個動作有何感覺等，蘇格拉底式教學法更有助於加深教練及選手對學習過程及技能要求的理解。無論在技能執行方面或在技能應用方面，教練都更能深入了解選手的認知；選手則受到壓力，必須去思考自己在某狀況下為什麼選擇使用某技能，而不是僅僅使用某技能，卻未能了解該技能的前因後果及脈絡。

學習者意圖

冠軍模型中添加的最重要元素之一，是從艾瑞克森關於刻意練習的研究中整合而來的「學習者意圖」。之前提過教練要成為五星級的老師，同樣，選手也應致力於成為五星級的學習者。

為了流汗來參加練習，其實算不上練習，只能說是運動，要運動去你家附近的運動中心就好了。練習的涵義遠遠不僅於此。練習不只在身體上吃重，在心理上也很吃重，有些情況下連在情緒上也很吃重。學習可比流汗辛苦多了，但致力於這個學習的過程才是關鍵。學習者意圖能讓改變發生得更有效率。下定決心要追求爐火純青，決定在運動中盡可能添加最多的價值，這會需要大量的專注力與努力。因此，學習者意圖就成為優秀選手與卓越選手之間重要的區別因子，即使對天賦能力很強的運動員也是如此。

選手來練習時，應該帶著學習的意圖，並準備好自己的每日目標（當天的目標）。選手要把這個每日目標（或為每個技能都訂一個每日目標）知會教練，這樣教練就能針對該選手當天的任務提供回饋。練習時也可以把目標寫在白板上，公開宣示自己的練習意圖。寫出來還有個好處，即回饋與支援就不一定只來自教練，也可能來自同儕。

除了目標，運動員參加練習時，還需要視當天排定的活動內容，拿出學習與／或競賽的意圖。運動員也是人，就像其他人一樣有人性的弱點。運動員來練習的時候，可能還背負著那天的種種不順遂，所以他們必須學會跨過線。

「跨過線」意思是，一旦開始練習，就要把全部的精神和注意力都投入到練習中，不管外面的世界發生什麼事。當然，真正嚴重且應該比練習優先處理的事情除外；這裡說的是生活中的瑣事，例如作業來不及交、跟某人吵架、開車開到很火大等，一些會讓你對手頭任務失去集中度的事。跨過線——如果你要練習，就得專心練習，拿出追求卓越應該付出的全副注意力和努力。

人對於工作中自己擅長、喜歡的部分，總是很容易就能投入，但既然決定要全力以赴追求卓越，代表你得改變所有需要改變的，即使你不擅長或不喜歡也一樣，因為你已經決心要盡一切努力達成最終目標。我們要了解也要接受，學習的過程必然會遇到撞牆期，那種感覺非常沮喪。一直沒進步（甚至還退步了一點！）讓人很難受，感覺人家要求你做的改變你做不到了。要承擔這些並不容易，但這是必要過程。你得學著對不舒適的感覺感到舒適。

我總是跟選手說，追求卓越的路上需要堅定、耐心，還有對自己的包容。要記得，人會犯錯；他們也會犯錯。以前沒有人打過完美的排球，以後也不會有，我要他們放棄追求完美的結果，建議他們轉而追求完美的過程。在追求卓越的路上堅定志向，把自己能控制的事情控制好，比如積極度、學習者意圖、態度等。要做到這些也不容易，但可以學。當今這個世界對成功的描繪，就像我們在社群媒體上看到的，好像輕輕鬆鬆就能有一番作為，所以很多運動員發現現實並非如此時都感覺很沮喪。生活並不「公平」（因為公平是主觀概念），追求卓越的過程也不「公平」，但這不代表它不好。

進行技能學習時，運動員必須把注意力放在過程而非結果上，必須相信正確的過程最終會產生正確的結果。結果的誘惑很強大，尤其選手在受控的環境中可以擺脫低效率的方法，所以能得到想要的結果。但不管什麼時候，即使當時狀況並不需要，你還是必須堅持正確的過程。僅僅因為你可以擺脫低效率，也不代表你就應該那麼做。此外，重視結果會讓你無法把注意力放在過程上。不要讓想贏的心，阻礙了你實踐要贏所該做的事。專注在過程上，專注在卓越，結果往往自然水到渠成。

二〇二二年冬季奧運在中國北京舉行。美國滑雪女將席佛琳（Mikaela Shiffrin）提到專注於良好的過程，進而提升表現結果的概念。席佛琳對記者表示，賽前她沒有想到站上頒獎台的事：

我不再一心想著獎牌了。就只是每天努力拿出自己最好的表現。其實這樣我的奪牌機會反而最大。所以這應該說有點矛盾吧……不要再想著表現如何，專注在當下，反而

讓你最有機會拿出最佳表現。所以我只是試著把握當下，尤其下坡路段的時候。[18]

改變常令運動員感到灰心。改變既困難又緩慢，當今世界又處處要比較，所以運動員有時會拿自己在運動上的改變能力，去跟生活中其他領域的改變能力比較。但運動領域的初學者，對動作技能學習的時間線有多少了解？為什麼拿自己在划船隊划船的能力跟學西班牙語的能力相比？兩者是不同過程、不同機制，所以請幫助運動員如實接受他們要面對的，不帶批評或比較，在追求卓越的過程中，強調專心致志時刻的價值，每次練習都如此，每週如此，每年如此，長此以往，就是成功的關鍵。

其實這個歷程，很大部分取決於你選擇怎麼看待失敗。我對選手的建議是，與其被失敗定義，不如試著對失敗感到好奇。這是怎麼發生的？我為什麼用這種方式對應？我有沒有把失敗當作能幫我變得更好的資訊嗎？或者失敗定義了我，證明我是個輸家？我有沒

---

18 原書註：席佛琳於二〇二二年二月十四日接受NBC芝加哥新聞專訪，題名為「Mikaela Shiffrin: Her Olympic Focus, Athlete Pressure and a Heartbreaking Loss」 https://www.nbcchicago.com/news/sports/beijing- winter-olympics/mikaela-shiffrin-her-olympic-focus- athlete-expectations-and-a-heartbreaking-loss/2759343/#:~:text=%E2%80%9CI' m%20not%20focusing%20on,best%20 shot%20at%20a%20medal。

有把精力消耗在憤怒挫折等情緒反應上，受制於這些反應？抑或是我選擇不發怒、不消沉，把精神貫注在下一個任務上，繼續進步？回答這類問題，有助運動員建立有效的新策略，來管理追求競爭卓越的路上必定會出現的失敗和逆境。我想，好奇比暴怒要健康得多，也有建設性得多了。

之前提過讚美的重要，教練要「抓住選手做對的時刻」。其實更重要的是，運動員本人也必須發展出這種抓住自己做對時刻的能力。就程序上而言，運動員必須專注於正在練習的技能（或技能的某些環節）上，當執行正確時，不管結果如何，就給自己打打氣。這麼做有助運動員強化正確執行力，並提高下一個機會來臨時能重複該運動模式的機率。要記得，慣性上有效率的技能執行，並不保證能產生想要的結果，只能提高該結果發生的機會。

我喜歡從統計機率的角度來看結果。藉由相關分析，我們已經找出與競技成功最高度相關的技能。用同樣的方法，也能找出和失敗最密切相關的技能。大多數運動員只想慶祝完美的結果。在他們眼中，運動像一場零和遊戲，要嘛是可接受程度的「完美」，要嘛是不到這個程度，也就是不可接受，也就是失敗。其實在學習階段，表現普通是可接受的，尤其當過程極佳時更是如此，糾結於表現，繼而產生失望沮喪的情緒，對你絕沒有任何好處。這會打亂自我對話，無法顧及讚美與責難的適當比例，學習或競技的能力都大受影響——因為可資慶祝的完美結果就是沒有那麼多，而可以讓我們自己打敗自己、不夠完美的結果倒是有不少。

除了慶祝最好的結果，假如運動員也能慶祝自己避免了最壞結果的發生呢？這不也值得慶祝嗎？以排球而言，完美的一傳（即接發球）有助於贏球，但良好的一傳也是。然而，直接讓對方發球得分[19]，對我方贏球機率造成的傷害，大過完美一傳帶來的助益。因此，即使未能達成完美的一傳，但沒讓對方發球直接得分，就已經很了不起，已經值得慶賀。也許有人會覺得這好像在玩文字遊戲，但我的經驗中，這種觀點的轉變對學習速度的提升大有幫助。

「觀點」也是運動員的重要責任之一。人往往有負面偏誤，意即負面事件對人類心理狀態的影響，較正面事件為大。即使事件強度相同，正面事件對人的思想行為的影響力，就是比較弱。換句話說，我們對負面事件感受較強烈，且傾向於放大自己的缺點，把缺點想像得比實際情況嚴重。[20]我們從事運動，這個志業很重要，我們也很在乎，但

19 譯註：指接對方發球時，己方執行一傳失敗的狀況。可能情況有二：一為對方來球直接落在己方場內，二為一傳手擊球不當，使球的方向失去控制而無法進行二傳（即舉球）。

20 原書註："Why is the news always so depressing? The Negativity Bias explained," The Decision Lab; https://thedecisionlab.com/biases/ negativity-bias/#section-10.

絕不到你死我活的程度。

輸球總會發生，且如我所說，輸是任何參與競技活動者必然承受的職業傷害，輸不是輸，只有在浪費掉從失敗中學習的機會時，我們才真正輸了。從事運動與追求卓越，永遠有機會得勝。只是這勝利不一定顯示在計分板上，要記得你永遠有權利定義自己。分數、練習、集訓或是你正在練的某項技能都不能定義你，除非你同意。正如奧地利精神病學教授弗蘭克（**Viktor Frankl**）在其著作《活出意義來》（*Man's Search for Meaning*）中說的，「人的一切皆可被奪走，只除了一樣東西：這也是人類最後的自由——無論處境如何，人都能選擇自己要以何種態度面對，人永遠有抉擇的餘地。」[21] 我們可以耐心、堅定、包容，也可以帶著優雅、懷著感恩來追求卓越。常懷感謝心，能帶來強大的力量。

---

21 作者註：Viktor Frankl, *Man's Search for Meaning* (Reprint) (Beacon, 2006). 二戰期間弗蘭克曾在納粹集中營待過三年，他是神經學與精神病學教授，逝世於一九九七年。

Column 2

	2
選手責任	·形成技術基模
教練責任	·發展運動程式
指導原則與行為	·特定性vs. 通用性 ·移轉 ·整體vs. 部分練習 ·情境關聯記憶 ·區塊vs. 隨機練習 ·進程

選手責任

在技能學習階段，形成正確的任務基模（即待達成任務的心智表徵），對於該任務的執行至關重要。與觀察型及視覺化任務一樣，你在基模中建立的細節愈多，將該任務正確再現的機會愈大。

教練責任

運動程式與技能構成建立完成後，下一步你要決定怎麼把這些內容教給運動員。你必須了解引導動作程式發展的原則，然後決定方法，目的是使選手以最有效且高效的方式，習得技能及作戰系統能力，朝成果目標邁進。

指導原則

特定性 vs. 通用性

亨利（F.M. Henry）在一九五八年一篇題為〈動作技能學習的特定性 vs. 通用性〉

（”Specificity vs. generality in learning motor skills”）的研究報告中，對於「運動能力大致上由遺傳決定」這個普遍的看法提出質疑。[22]

所謂「一般運動能力」，是認為每個人出生即有既定的運動天分，這是體育界相當普遍的看法。比起面對自己運動上的弱點，接受「天生的運動員」概念顯得合理又方便，但後者其實從未在科學上被證實過。有研究顯示，特定基因變異會影響耐力或力量相關表現，但這些基因變異不必然能預測表現。[23]

亨利的研究發表幾年後，心理學家弗萊什曼（Edwin Fleischman，《人類能力手冊》〔*Handbook of Human Ablities*〕作者）在其著作《體適能的結構與測量》（*The Structure and Measurement of Physical Fitness*）中探討先天固有與後天習得能力與運動技能的觀念。[24]此後他花費數十年時間，繼續在這個主題上深入研究。他主張人天生便具

---

22 原書註：F.M. Henry, “Specificity vs. generality in learning motor skills,” Proceedings of the College Physical Education Association, Washington, DC., 1958.

23 原書註：Lisa M. Guth and Stephen M. Roth, “Genetic influence on athletic performance,” Current Opinion in Pediatrics 2013 Dec; 25(6): 653–658; doi: 10.1097/MOP.0b013e3283659087; https://www. ncbi.nlm.nih.gov/pmc/articles/PMC3993978.

24 原書註：Edwin A. Fleischman, *The Structure and Measurement of Physical Fitness* (Prentice Hall, 1965).

有某數量的獨立能力，並用這些能力來完成心理、身體與社會任務。

弗萊什曼最終定義出七十三種獨立的人類能力，包括二十一種認知能力、十種心理動作能力[25]、九種身體能力、十二種感官／知覺能力以及二十一種社會／人際能力。這些能力可測量、可量化，每個人都擁有或多或少不同的量。面對任務時，我們會從這些能力中取用需要的能力組合。不同任務需要不同的能力，而隨著我們所具有這些能力的多寡、接受的練習和指導量與完成這些任務的誘因大小，每個人執行任務的能力水準也不同。這就像工具包，不同工作需要不同工具，或甚至不同的工具組合。這些工具每個人都有，但工具的品質和個人操作工具的能力則因人而異，也因任務而異。最後要釐清的是，能力並不等於技能，能力是我們用來獲取並應用技能的工具。

那麼，這些與追求卓越有什麼關係？主要是這影響了我們如何訓練和練習。任務與技能若是特定的，就必須要以專屬於該特定任務的方式來練習。同時也意味著，就因為某人很會踢足球，不代表他高爾夫一定也很厲害或至少能打得不錯。就像我保齡球一局能拿三百分，也不能擔保我的游泳能力。單一運動能力（unitary athletic ability）聽起來很不錯，問題是它不存在。

曾拿下奧運金牌與銀牌的美國女壘投手芬琪（Jennie Finch）就是一個極佳例證。芬琪在二〇〇四年百事可樂全明星壘球賽中主投，並三振了三位美國職棒大聯盟

（MLB）打者：聖路易紅雀隊一壘手，之後並三度獲選國家聯盟最有價值球員的普荷斯（Albert Pujols）；如今已十二度入選全明星隊，並以四百二十七支全壘打入主名人堂的紐約大都會捕手皮耶薩（Mike Piazza）；以及兩度入選全明星隊，生涯打擊率二成九一，全壘打數二百八十七支，打點一千零七十八分的賈爾斯（Brian Giles）。若由上手投球的棒球投手投球，這三位打者能注意主要的視覺提示，並運用打擊技巧擊球，但換成下手投球的壘球投手，他們就沒轍了，無法收集所有的線索。他們不知道究竟要留意什麼，要注意哪裡，因此無法將其打擊技巧有效應用出來。

大部分人會同意，用一支圓柱形球棒擊打一顆朝你快速飛來的球，算是特有技能——是這樣沒錯，而且事實上芬琪證明了此一技能比許多人以為的還要特別。這顯示出，要打到壘球投手投出來的球，需要專屬於壘球的打擊技能（打擊牽涉到視覺與預測技能，以及成功擊球所需的動作）。

移轉

你投入練習的努力，有多少能移轉為比賽時的發揮？有效且高效的教學與訓練方

25 譯註：指由心理過程直接引致的肌肉動作能力。

法，應該要有相當高的移轉率。學習不容易量化，但要追蹤成果展現就容易得多。評估移轉率最簡單的方法，就是把成果表現加以量化，例如速度的增加、跳躍高度的增加、跑動距離（covered distance）與得分的增加等。這些變數比學習的任何可評量指標都容易評估得多。

若要我描述參加奧運排球賽是怎麼回事，我會簡述如下：四年的奮鬥，期待在兩週中能有好表現，然後期待在最後兩個小時會有淋漓盡致的表現。其間壓力之沉重可想而知，不只奪牌有壓力，通過資格賽也是壓力——畢竟二百二十一個國家代表隊中，只有十一支隊伍能取得奧運門票。

那四年期間，我一直有種急迫感，覺得一分一秒都不能浪費。我想確定我們練習時所做的，能高度轉移為我們要贏得比賽所需要做的。假設技能是特定的，而我們需要加強排球技巧，那麼練習看起來就必須很像在打排球。

舉例來說，發球是排球中非常重要的技能。傳統的發球練習，是把全隊分成兩組，分別站到球場兩端，在固定時間內朝著對面發球。選手能重複很多次發球，但這些重複與競技的狀況並不相似。排球競技中，發球是在雙方來回對擊結束之後進行的，發球者走回底線發出一個球，不保證還有下一顆發球機會。競技中有裁判哨音，有發球目標，有熱情的觀眾，還有我們在旁邊登記比分。顯而易見，傳統的重複發球練習法與競技時的發球狀況有相當差距，因此移轉率低也不難想像。

打擊置於球座上的棒球，是訓練打擊投手投出的球的最佳方法嗎？打時速八十公里、送到打擊區中央的球，對於打時速一百六十公里的快速直球，或時速近一百三十公里的下墜球或曲球有幫助嗎？阻擋不會動的足球假人，或用力推加重的阻擋雪橇車，能提升美式足球線鋒阻擋真人對手的能力嗎？我不知道。也許可以，但這些訓練方式並不接近競技的真實狀況，所以我推測移轉到競賽時的效果應該相當低。

請記住，這不是對錯問題，而是方法是否有效且高效的問題。這些練習活動的成果，到了競技時刻面對場上的狀況，是否能高度移轉出來？若不能，我們就得自問為什麼要做這些練習。答案通常是，因為一直以來都是這樣做的啊——是傳統。之前我也提過我對此的看法了。傳統很重要，絕對值得尊敬，但傳統絕不該是我們據以去做任何事的理由，除非那是對的理由。

整體 vs. 部分練習

若動作程式具有特定性，且不同任務間的移轉率通常不高，那麼練習整個任務的效果，應該比練習任務的個別組成部分，而後再試圖把所有部分拼湊起來的效果更好。

把技能構成建立完成，也設定好關鍵指令之後，你就得決定要如何呈現這兩者。雖然關鍵指令應該是循序漸進的，但這也不僅僅是先後次序的問題。若我要教球員扣球，就得教他們近球、跳躍、準備擊球，然後在半空中擊球。要傳授所有這些內容，最有效且高效的方法是什麼？要一口氣教完嗎？是不是近球教十五分鐘，跳躍教十五分鐘，然後教手臂擺動和擊球，最後再把所有部分拼裝起來？研究顯示，傳授技能的最佳方式，是操作整個技能的同時，一次聚焦在一個部分或一個關鍵指令。這個方法的優點在於，選手不只學到技能的組成部分，也學到這些部分是怎麼嵌合在整體裡。他們該學到技能的個別部分，以及這些部分在整體技能中的應用脈絡。

情境關聯記憶

情境關聯學習的觀念已經流行好一陣子了。無數的研究證實主場優勢確實存在。[26]但從另一面看，建立類似比賽的環境、營造類似比賽的情緒也同樣重要，甚至更為重要。重大時刻會引起重大情緒反映。而練習這些重大時刻，能讓選手有機會學習因應這些情緒反映的最佳方式。他們能學會深吸一口氣，準備好迎接比賽時刻。

選手必須學習情緒控制，也就是在重大關鍵時刻專注當下競技的能力。在練習中製造這樣的時刻，讓選手有機會開發能力，知道自己必須做什麼才能贏得下一次比賽的機會，並且能夠去執行。我們的練習長得愈像真正的比賽、感覺愈像真正的比賽，移轉率就愈大，選手也愈能適應不舒適的感覺。他們將學會自我控制，也將有機會能控制自己的表現。

區塊 vs. 隨機練習

每次練習都應該按表操課，但許多教練也相信練習應該體現出精確度與控制力。他們認為練習應該像演算法一樣，有受控的輸入，繼而產出受控的輸出與穩定的結果。這種結構嚴謹、高度控制的練習看起來很像回事，問題是真實的運動（和生活）並不總是那麼秩序井然，也會有混亂的時候，而那也是可以接受的。不管你有多麼想相信只要站在「正確」位置，球就會朝你飛去，事實上常常都不是這樣。學著從混亂中理出頭緒，是成功的必備能力。

管控練習就跟一直騎著裝有輔助輪的車卻期待學會騎單車一樣。踩踏板和控制方向是學會了，問題是漏了騎好單車最關鍵的要素：平衡感。

競技時，任何狀況都可能發生——這種比賽所具有的隨機特性，我們應積極擁抱並

26 譯註：情境關聯記憶指當個體需要表現學習成果時（如考試或比賽時），若當時情境與過去學習的環境相同，回憶提取出來就比較容易。主場優勢也是同樣道理。

多加練習應對。我們控制的變數愈多，運動員學習的機會就愈少。這對許多教練來說是很大的挑戰，因為在受控環境下監測技能習得的進步狀況，比在隨機環境下評估技能應用的進步情形要容易得太多了。前者是二元的，選手要嘛做到了，要嘛沒做到；要嘛有在正確的擊球位置上，要嘛沒有；球要嘛命中目標，要嘛打偏了。然而在技能應用的範疇，要考慮的事項就細緻得多：我們要幫助運動員做出在當時正確的選擇。若選手在正確位置上，他們為什麼又是怎麼決定要到那個位置上的？他們選擇那樣處理球的原因何在？

不管任何運動，比賽時綜觀全局的能力，都是區分「優秀」與「卓越」選手的重要因素。要教導如「綜觀全局」這麼重要又有點虛無縹緲的主題，你就得切換到蘇格拉底式的教學模式，與選手一來一往展開對話。你要激發選手進行批判性思考，使之成為其技能應用過程的一部分。在決策能力的養成上，問答教學是一種重要的教練工具。

人們總喜歡談論著名運動選手，說他們身體素質超優，說他們靠天賦就足以成就其偉大。但只要進到過任何運動頂尖層級的人都能告訴你，真實情況很少是這樣。當然，確實有些運動能力好得出奇的怪胎級選手，優異的身體天賦和能力使他們較容易在體壇獲得高度成功。然而，身體天賦好得出奇，卻始終未能在自己的運動領域制霸一方的選手也不乏其人。

若用食物鏈的生態概念來比擬體育世界的競技級別，隨著你愈往食物鏈的上層走，你的體能條件漸漸不像在食物鏈較低層級那樣，是那麼重要的區別因素了。舉例來說，打高中校隊時，速度與力量可能讓你脫穎而出，但到了人人都是頂級掠食者的食物鏈頂層，每個人都具備速度與力量。這時候的區別因子，就回到基本的技能純熟度，可重複性，心理韌性／抗壓性，以及能不能在對的時刻做對的選擇，能不能做一個很棒的隊友。

身體天賦與技能應用兼備，能造就優異的選手；然而這兩種素質形成的連接點，不是靠教就教得出來，主要因為這實在不容易教。教導運動員執行某技能，是比較具象的過程，要幫助運動員解讀競技環境並選擇適當反應，就抽象得多。但等他們學會此一技能，競技情境的隨機性就沒那麼隨機了，因為選手評估狀況的能力提升，對於「接下來會怎樣」的預判，能從原本數量龐大的可能結果，篩選到剩下一兩個結果。能夠綜觀全局，看出比賽的走向，能了解自己看見的東西，並以相當高的正確率預測下一階段的發展——能做到這一步的人，便可掌握相當的競爭優勢，能夠氣定神閒，在充分掌控的狀態下競技。沒辦法做到這點的選手，則會一直處於被動反應和意外的狀態。

學習判讀情勢，能支持並提升選手的競爭意圖。「如實」解讀情境，對表現和結果的幫助清晰可見。區塊練習環境無助於運動員培養判讀情勢所能帶來的競爭優勢；類似比賽的隨機練習環境則可以。訓練必須切合現實，而運動的現實就是任何狀況都可能發生。

進程

進程是指你提出關鍵指令的先後次序，也就是你認為最有利於選手學習該技能的關鍵指令順序。關鍵指令是切成大塊的資訊，用來描述該技能的關鍵要素；進程是你提出並指導這些關鍵指令的順序。你的進程應該循序漸進。

舉例來說，學習排球扣球時，應從步法開始。步法到位了，接著是雙臂上舉與跳躍，然後是準備擊球（蓄力），最後是擊球（發力）。但若步法不對，雙臂上舉就缺乏效率，進而影響之後的蓄力與發力。

以下是排球扣球教學時，關鍵指令與進程搭配使用的方法：

1. 步法：步數、步幅、速度、位置，及與球網的距離。
2. 雙臂上舉：雙臂下擺、前擺、後擺、上舉。手臂自然放直放鬆，以利之後高高跳起及迅速蓄力。
3. 蓄力：擊球手臂上舉並向後，非擊球手臂上舉並瞄球。
4. 發力：保持上身挺直，非擊球手臂向下，利用扭力使手臂加速，在身前高點擊球。

同樣的內容也可以分成二十項進程來教，但把資訊切成大塊（說得很少但涵義很多）可以簡化流程，減輕心智負擔。關鍵指令的數目盡可能少，以有效且高效的方式傳達給運動員，同時進程應該符合技能的動作順序。

Column 3

	3
選手責任	・嘗試技能
教練責任	・反應最佳化
指導原則與行為	・練習環境 ・練習 ・反應機會 ・集中vs. 分散練習 ・訓練結構 ・倦怠 ・心理投入

選手責任

之前談過流汗與練習的差別。目前我在大學擔任教練，我都跟隊員說，排球說不定會是他們修的課裡最難的一門，理由有幾個。首先，因為大家對練習的預期主要是關於流汗而非學習。第二，我們卻有很多要學。有許多技能、作戰系統，還有其他身體、心理與社會技能，都是他們要學的。

你嘗試某技能的時候，要試著納入教練要求的改變。要成功改變，身體與心理都需要投入。大部分運動員都不習慣這麼高強度的任務聚焦，也不習慣這麼做常會帶來的不適感。這個階段最大的阻礙是結果。選手會為了追求「正確的」結果，而放棄必要的改變，因為他們之前就是靠這些「正確的」結果贏得讚美，得到增強，從而他們的個人認同和自我價值，可能與結果連結在一起。我們說過，不是所有人都能毫無阻力地為了將來變好很多而忍受現在變差一點，因此在過程中，必須找到能激勵自己的價值及理由。你必須學著抓到自己做對的時候。找出技能中你做得很好的部分，替自己打打氣，慶賀一下——這對技能的學習與維持很有幫助。至於動作中效率欠佳的部分，就留給教練去挑吧。

教練責任

教練的責任是打造一個能讓運動員反應最佳化的環境。務必確認練習環境是安全的，確認你已盡你所能訂出最佳的技能構成與關鍵指令，練習已經都規畫好，當中包含技能學習與技能應用的部分，並有搭配的訓練結構，能使以上兩部分的學習順暢。

之前提過運動員必須「跨過線」，而教練也需要這麼做。不管你那天有什麼煩惱，遇到什麼問題，都必須把那些暫時封存，全神貫注於手邊的任務，也就是盡你所能打造一個最好的練習。要是你把個人問題帶到練習環境裡，對選手的學習會有不利影響。教練對練習氣氛影響甚大，如果運動員練習時還需要掛心你的喜怒無常，彼此的互信一定會打折扣。選手在無法全然放心的狀態下，練習效果與效率必然受到波及。所以你必須跨過線，做一個相關知識與資訊的穩定提供者，並對你帶的人展現真誠的關心與關懷。你的問題是你的問題，跟他們的練習是兩碼事。

最後，雖然我說教練對練習氣氛影響很大，但教練同時也必須能敏銳地判讀練習狀況。假如訓練不順利，或有選手狀況特別差，或大家看起來好像都病懨懨的，此時便有賴教練能否找到方法，重新使選手連結上當天的練習內容。你可以更動練習項目，或改變練習重點，看看能否整頓一下士氣。如果練得其實已經差不多，或你試過但還是無法挽回低迷的氣氛，那便應該考慮提早結束練習。當練習狀況特別好的時候，你可以把提早收工做為獎賞，鳴金收兵；但場上已經死氣沉沉時，就別硬要把死馬當活馬醫了。若練習狀況實在不佳，趕快止血，下次再來。

指導原則與行為

練習環境

練習環境指的是進行訓練的空間。為了練習的效果及效率，練習環境必須要安全，而安全有不同層面。首先，可能也是最直觀的，訓練空間必須盡可能安全以避免運動員受傷。例如要確保設施狀態良好，場地平坦乾燥，所有尖銳物體都加以妥善包覆等。

練習環境的安全還包括讓運動員能安心學習。這裡的**安全**指的是信任，以及其他所有必要的心理和情緒上的安全感。若教練或運動員會施加懲罰、妄加論斷，或施以其他類似的負面後果，導致練習環境欠缺安全感，則學習效果都會打折。選手可能會無法投入，或難以敞開心房執行需要的改變。

同時，我認為避免練習環境中出現閒雜人等有其好處，這樣運動員比較不會分心，也能更自在地犯錯並從錯誤中學習。這不是說一定得閉門練習，只是若練習環境有其他人，必須是你認識且信賴的人。

練習

我說過，「練習」這場仗你非贏不可。我的意思是，要盡可能從練習中得到最大的成效。要精益求精，一分一秒都不浪費，因為每天你都在和時間與自滿搏鬥。我們沒有無窮的時間來練好這些技能和作戰系統：我們的目標具有時間性，所以我們必須讓練習的每一刻發揮最大的效果。另一方面，人是很容易鬆懈的，容易覺得自己已經很不錯了。我今天可以放輕鬆一點嗎？你可以，但如此一來你就沒有信守自己追求競技卓越的承諾。我們說過，比賽的勝負差距是很小的，級別愈高愈是如此，奪下冠軍或與冠軍失之交臂，往往就差那一兩分，往往這邊一個球或那邊一個決定，就左右了勝負的結局。奧運奪牌與否，更是在〇．〇幾秒與極微小的分數差距中決定。打贏練習這一仗，意味你的運動員總是帶著必要的意圖、投入程度與紀律進行訓練。這當然不代表大家就得苦哈哈，一點樂子都不能有，只是若我們了解到時差距將非常微小，那麼每個球、每一天都很重要。每一次重複動作，都是向目標更靠近一步的機會。

首先，練習活動應該以成果目標和任務目標（必須的技能及執行水準）為基礎，再據以訂定每日練習目標。同時也要把練習參數與你手上的資源納入考慮。最大的限制是時間。你的賽季有多長？每週有幾場比賽？每週能練習幾次？每次練習有幾個小時？知道自己有多少時間，對時間的運用就能有更明智的抉擇。

除了時間還有其他限制。你能支配的實體資源很重要。有幾面球場、幾個籃框、幾個賽道之類；或球的數目、船的數目、拍子的數目等。你手下的職員數會影響訓練結構，教練人數會影響你主持訓練的方法，也會影響回饋頻率。若你能制定一套練習計畫，把這些全部納入考慮，同時使球員做出反應及得到回饋的機會極大化，並盡可能提高移轉率，那可以說你打贏了這場仗。而你必須在練習上打勝仗的原因是，基本上練習是由你控制的。

規畫有效且高效的練習，是競技卓越不可或缺的一環。為免誤解，這裡說的**規畫**，意思是要花時間安排，並把計畫寫下來。不要腦子裡有個大概的想法，就到場去即興發揮，請花時間做規畫。今天我們要做什麼？練哪些技能？做什麼訓練？有學習的部分嗎？有比賽的部分嗎？我們今天的目標要放在哪裡，才能讓我們向成果目標更靠近一步？

有些教練喜歡做長程的練習規畫，把通往成果目標的整條路徑都大致規畫出來，但我個人覺得不要操之過急比較好。大致列出一週中想要加強的技能與組織作戰項目，以及你想做的訓練種類與活動，這樣就足夠了。週計畫依據的是任務目標，以及選手目前在各自的技能習得與應用上到達什麼位置。預先規畫出一個月、一個賽季或一年的練習活動，這對你的時間運用而言，恐怕不是最有效率的做法。你該做的是製作一張基本練習表，以一週的練習日為欄，想重點加強的技能、作戰系統項目、活動與訓練種類為列，明列出每天的練習大綱。

每週的第一次練習，先排上待練技能中最重要的幾項。若第一天即達成希望的進步幅度，就按表繼續進行隔天的練習大綱和下一項技能。若否，我建議隔天繼續練習之前未達滿意程度的技能，直到達成希望的進步幅度為止。只因為週練習表上這樣寫，就非得進到下一個技能練習不可，我覺得這麼做意義不大。

說到每日練習計畫的執行，我喜歡有一個大致的結構。把練習內容寫在容易看到的地方，讓運動員可以在白板、電子白板，或螢幕等裝置上，看到當天要練習的技能、作戰系統項目，及訓練和活動種類等。這有助他們把自己的目標與你的練習計畫做連結，也能減少他們對當天練習內容的疑問和焦慮。練習內容一目瞭然，讓運動員更容易專注，同時也顯示你是經過事前深思預先規畫，並非且戰且走臨時想出練習內容。

若運動員想提早一點來練習，接受一對一、或一對二甚至一對三的教練課，那也很好。每天一小段時間的集中指導，對學習很有幫助。此外，也可以在練習結束後，做一些個人或小團體的指導。

我個人也非常喜歡花些時間來點「維他命」，也就是運動員基本動作的每日攝取量（這個詞彙與觀念是由NBA聖安東尼奧馬刺隊發明的）。運動員每天花五到十分鐘時間，在小組中由教練帶領，針對其特定位置或該運動的基本技能要素加強訓練。

熱身很重要，但練習的目的是提升表現。我們希望盡可能有效且高效地利用時間，因此在設計練習內容時，需要在時間有限的考量下做取捨。假如運動員選擇跑步五分鐘，而不以與其運動相關的活動來熱身，那等於白白損失了一個鍛鍊重要動作模式的機會。舉例來說，排球選手可以利用扣球前步法、攔網步法或攻守切換步法，作為非最大運動（submaximal）的熱身活動，在熱身的同時順便強化與排球密切相關的運動模式。以這種方式熱身，選手得到的反覆練習時間及數量，一個賽季累積下來也相當可觀，練習的效果與效率更加提升。跑步除了能夠熱身，只讓你更會跑步。

開始練習前，要先跟運動員說明當天的練習目標，通常就在寫著練習計畫的地方進行。你可以把當天練習計畫與成果目標連結，但練習計畫與任務目標和每日目標的連結更是必要，接下來就可以開始學習或比賽。若你想在練習中排入教學的部分，那就排在一開始。隨著練習過程中體能的負荷與疲憊加重，學習能力會走下坡，所以要趁選手精神最好時教學。先在受控環境下練習你們的大石頭技能，接著轉換為近似比賽的環境，在其中應用這些技能。把大群分成幾個小組，通常在小一點的空間進行小組練習，這樣會比較接近比賽環境，同時能增加運動員的反應機會。

在練習的最後，我喜歡安排一些看起來很像比賽的訓練。在這些訓練結構中可以加入目標，或強調不同的技術或組織作戰項目。最後要考慮的，是練習中的體能訓練部分。我們要有時間意識，因此設計的訓練項目要能增加強度，也要能得到無氧／有氧的訓練效果，同時又要看起來很像你們的運動。衝刺練習加強的是衝刺能力，當然也有生理學上的效果，但藉由體能訓練的高強度項目，一樣可以產生類似的生理學反應。

做出反應的機會

練習設計的主要目標之一，是使運動員做出反應的機會極大化。反應機會愈多，學習與回饋的機會愈多，進步速度也愈快。

特別是兒少運動，盡可能提高練習時每位運動員的動作重複次數，對進步有明顯影響。一般來說，兒童或青少年球隊每週只練習二到三次，每次一到二小時，所以盡可能增加每次練習時間內高品質的反覆練習次數，應該是目標所在。但如果你讓十二個小朋友在罰球線後排排站好，一個一個投球，然後體育館裡還有三個沒人用的籃框，那就是你有虧職守了。若投一球要二十秒，十二個小孩排一個籃框，每個人都要等上四分鐘才能投一球。把十二個小孩分散到四個籃框，每個籃框三個小孩，每人每分鐘就可以投到一球，也可以得到一次更投入、更多回饋，和更佳學習效果的機會。

集中vs.分散練習

針對集中練習（massed practice）所做的研究顯示，長時間反覆做某個動作，中間都不休息，並不會帶來顯著進步，只會讓你覺得無聊。一開始可能會看到一些進步，但接下來你會發現，這段練習時間的投資報酬率不高，甚至呈現遞減趨勢。把同一個動作的反覆練習分散到整段練習之中，反而更有效果。把針對某技能的練習分成每段十五分鐘的四小段，分散安插到整個練習時間中，會比連續練六十分鐘，有更高的學習效果。

訓練結構（drill construct）

之前提過，為了提高（練習到比賽）的移轉率，訓練內容應該具有比賽的要素，但我們不可能只進行完全複製比賽或競技時刻的訓練。不過，只要能把訓練內容盡量設計得接近比賽，仍然可以達成移轉。設計訓練所需的項目時，應該把你們那項運動的要素納入考慮，例如球員在場上的位置、他們在這個空間如何移動、技能或事件的次序及時機，以及訓練如何開始、如何結束等。訓練項目的設計，應該要能盡量提升球員反應的機會，以及回饋與移轉的機會。

有的教練喜歡五花八門的訓練。但我們使用的訓練項目其實不多，因為這些項目必須符合我們的指導原則才行。假如我們希望練習活動具有比賽的特性，但訓練項目能與比賽相似的點也就那麼幾個，那該怎麼辦？答案是，我們可以用很多方法去微調訓練項目，針對希望加強的技能或組織作戰法加以訓練。

每次看到那些對於訓練項目彷彿永無止境的追求，我就會想起作家李歐納（George Leonard）在其著作《精進之道》（*Mastery*）中的一段話：「求新求變的執著裡，有著無聊的本質。在專注的重複中，從熟悉的旋律裡發現微妙的變奏，這種無盡的豐富性，才是滿足之所在。」[27]你不需要三百種訓練項目，只需要少少幾種，再用許多不同方法加以變化就可以了。選手的心理能量應該保留給新技能與組織作戰的學習，而不是耗費在千奇百怪、沒完沒了的訓練項目裡。

有些訓練變化或微調裡可以包含時間限制，就是在固定的一段時間裡練某項技能。連續得分也是一個變化選項，亦即必須重複某項技能且／或在某個執行水準上重複該技能至一個預先規定的次數。若中間發生失誤，分數就要歸零重新開始。或者，也可以加進條件，規定有x次機會能挑戰達成連續得分目標。同樣，也可以採用y分之x得分法，即y次嘗試中，必須有x次達到規定的執行水準。得分也可以微調。把目標分數往上加，在類似比賽的環境中增加重複次數，能讓運動員有更多反應機會，是提高訓練強度（體能訓練）的極佳方法。規定某些技能或結果可以加分，能把選手注意力導向我們希望他們著重的部分，這招也很有效。不需要大幅更動訓練構成，就能達成強調聚焦特定技能的目標。

訓練項目的限制條件也可以調整。例如，一連串動作中必須包含某特定打法，或兩種特定打法的一種。你可以規定該訓練項目開始的條件，或設定其結束條件（未達條件就不能結束）。若你們的運動是計分制，可以規定到達某一分數後，就開始進行該訓練項目。若採計時制，可規定兩分鐘後開始。訓練的實體限制也可加以變動，例如調整場地大小（讓空間變小或變大）或指定標的等。

團隊運動有一個考量是，練習時誰要跟誰同隊，誰跟誰對打？新人永遠跟新人打嗎？永遠是A隊跟B隊打？或者應該把練習陣容打散重組？我的經驗是，不管在哪個級別，打散陣容的效果都比較好。你的先發陣容應該只是所有陣容組合中的其中一種，在對打的隊伍間平衡實力、讓兩邊旗鼓相當，有助於提升競技水準，進而使球員更投入，學習效果更好。讓所有人跟所有人對打，對所有人都有好處。競技時這種做法也有優

---

27 作者註：George Leonard, *Mastery: The Keys to Success and Long-term Fulfillment* (Dutton, 1991).

點。例如，假設有選手受傷，我們可以換人，而不用擔心陣容不同默契不足的問題，因為這些球員平常練習時就常一起打球。

練習開始前，教練們要先開會檢視當天的練習活動，有任何變更建議要在此時提出，同時也要確定每位教練都清楚每項訓練中自己的責任為何。練習開始後，要隨時掌握進行的動態與感覺。若感覺氣氛愈來愈低迷，就需要介入，也許改變一下訓練項目，看士氣能否有所改變。練習的氛圍很重要，每個人都投入在任務中，學習效果才會好。另一個考量是停止練習的時機。假如大家一直都很努力練習，有很棒的表現，但是現在累了，那我覺得早點結束練習也無妨。但如果每週就只有兩三天能訓練，那我會傾向把練習時間用好用滿。不過，最後還是必須由你評估衡量，作出決定。

疲勞

疲勞對學習效果絕對有影響。累的時候，學習效果肯定沒有充分休息後來得好。所以，如果有新的技能或作戰系統要教，請安排在練習的開頭。有位前體操選手告訴我，她的教練每次都要大家繞著美式足球場跑三圈之後，才進體育館練習。那樣的熱身方法不但違反特定性法則（即跑步對你跑步的能力有幫助，但對體操沒有幫助），還可能使學習者疲勞，不利新技能的建立。我無法想像跑個一公里後，還要來學後手翻。

疲勞對表現也有影響。在體能負荷吃重的籃球比賽結束前罰球，表現絕對跟選手體力充沛、精神飽滿時不同。因此，不但學習時要考量疲勞程度，競賽時也要學會疲勞管理。

這裡要考慮的有兩點：首先，罰球訓練應該有幾種不同方式。在學習與精進罰球技能的階段，訓練要排在練習的開頭。但若訓練目的是技能應用與特定性，我們就該時不時把罰球練習移到練習時間的末尾，運動員覺得比較疲勞的時候。這樣的練習條件，會比較符合比賽狀況，移轉率也會較高。

其次，我們必須進行運動員的體能訓練，要加強其力量、速度、耐力和心肺機能。但這些都不會採取處罰的形式，我們也不會只為訓練而訓練。運動員必須鍛鍊足夠的體能，才能抵擋疲憊引起的身心反應下滑，在比賽與練習中（或比賽和比賽、練習和練習間）的體能恢復也會比較快。

最後要提到的是，心理（精神）上的疲勞也是真實現象，尤其運動員投入刻意練習的活動時，必須使用高強度且難以長時間維持的心理專注力。大腦與肌肉一樣可加以鍛鍊並具有適應能力——神經可塑性（neuroplasticity）確實存在。但大腦也跟肌肉一樣，需要時間來復原。

心理投入

沒有心智發號施令，身體什麼也做不了。兩者的關係如此密不可分，但我們卻往往將身心視為分離的系統來訓練。我不是運動心理學家，但我知道賽場上心理素質的重要。我把一些我認為最簡單最有效的心理技能，納入我們的訓練計畫裡。這些技能是：深呼吸、例行性動作[28]、視覺化、肢體語言、情緒控制，還有寫日記。

學習深呼吸是重要技能，把氣深深吸入再長長吐出。肺部得到充足的氧氣，腦部就得到充足的氧氣，這對於思考與決策至關重要。深呼吸能幫助我們暫停一下，在混亂的時刻找到一絲清明。也讓我們在情緒反應與接下來的行為之間獲得一點空檔。

技術達到一定水準之後，就應該發展自己的例行性動作。例行性動作對閉鎖迴路式活動（指技能中的所有要素都在你掌控之中的任務，例如罰球、投球或打高爾夫球）極有幫助。也有助於你在執行開放迴路式活動（指系統中的隨機變數——如其他人或球等——較多的活動）前的準備及重新集中精神。在兩種環境中，例行性動作都可以為技能執行增添一層穩定性。

自我對話是心理素質中重要的一環，對於運動員追求競技卓越有很大的影響。要學習控制自己腦中的聲音，因為身體裡的每個細胞都受到腦中思考的影響，所以務必留意你對自己說了什麼。運動員腦子裡的自我對話，是這個過程中最重要的聲音。

負面的自我對話，通常發生在我們對某結果產生情緒反應的時候。而情緒性的自我對話，又引起更多情緒反應，接著就有化學物質釋放到我們身體裡。情緒對心理和生理都有影響。運動員往往對自己很嚴格，常常要求完美，自我對話也經常不假辭色：**我得，我必須，我一定要**。但不管在行為執行前或執行後，和緩一些的用詞都可以改變情緒上的效果：**希望，但願，我想要**。這些語彙依然傳達適切的意圖，但與結果相關的情緒含量不同，因而產生的心理與生理反應也不同。

前面提過，人往往受負面偏誤影響，我們自我對話時所用的語言也反映了這一點。我們可能會說「有夠慘的」，或是「我再也受不了了」，但事實上這些說法往往經不起現實檢驗。我們可是在運動，已經比大多數人都幸運了——目前的處境也許令你感到不舒適，但應該不至於多慘。你再也受不了了嗎？嗯，恐怕事實上你還受得了。畢竟我們只是在打一場比賽，並不是挨餓受凍或身患絕症之類的。這些放大負面性質的語言，即使已經被「正常化」，人人習以為常，但這些語言的使用會帶來情緒反應，以及之後身心上必須承受的後果。負面影響是會累加的。

28 譯註：performance routines，指運動員在執行某特定運動技能前，所從事的一連串系統化的心理準備與行動。

負面偏誤在自我對話中還有另一種表現方式：自我奚落。我們對自己通常不太客氣。對別人無論如何不會說出口的話，我們會對自己說，而且不知道為什麼還覺得這是可以接受的。「我是魯蛇，」「我爛爆了，」「我就是那麼衰。」要寬恕自己，但不是寬恕後忘光，是寬恕後學起來。做必要的改變或與對手競技已經夠難了，你不該再當自己學習與成功路上的絆腳石。

視覺化與自我對話有關。你能看見自己完成必要的改變、獲得成功的樣子嗎？已經有科學上的證據，支持視覺化能帶來改變，只要觀察學習[29]或回想，就能在沒有練習的情況下提高學習與表現。光是在腦中想像，技能就可能進步。但要用對的方法來想，感官感受的深度與你掌控腦中影像的能力都很重要。事實上，「看見」可以說只是個開頭而已。你還可以學著感受到、甚至聽見自己的表現結果。這個新添的感官知覺層次稱為「感官化」，關於其價值與機制，在卡林奇（Maryann Karinch）所寫《那些冒險犯難教我的事》（*Lessons from the Edge*）一書中，幾位頂尖極限運動員有很好的分享。感官化能為改變提供更大的機會。

許多人在這裡都會卡關，他們試著做做看但做得不是很好；於是就感到挫折，接下來的自我對話通常也好不到哪去。然後，因為人通常不愛做自己不擅長的事，他們就放棄了。請務必堅持下去，經常練習視覺化，從小的、簡單的事情開始打造在心中看見的能力。這會幫助你學習和改變得更快。

我們還必須注意自己的肢體語言。非言語溝通的威力強大，往往一個字都沒說，卻已傳達了千言萬語。探討人類溝通中言語與非言語溝通所占比率的研究不少，但專家一般的共識是，人類溝通中有七十%到九十三%為非言語溝通。心理學家麥拉賓（Albert Mehrabian）在一九六〇年代所做的研究，特別值得運動領域關注，因其研究聚焦在情緒的溝通。研究中，受試者在聽取不同內容的陳述後，必須對說話者的感受給予評分。有時說出來的話和說話的語氣不搭配，這種時候語氣永遠勝出，左右了聽者的認知。用憤怒的語調說「我很開心」，不能讓聽者相信說話者真的開心。當嘴上表達的情緒與身體動作不搭配時，也得到類似結果。你嘴巴上可以說「我很抱歉！」，但若你說這句話的時候緊握雙拳、橫眉怒目，對方恐怕無法感受你道歉的誠意。行動往往比言語更有力，怎麼說比說什麼更重要，而我們沒說出口的是最重要的！

很多人看過哈佛大學教授及心理學家柯蒂（Amy Cuddy）講「力量姿態」（power poses）的TED演講。身體的姿態會影響我們的感受。抬頭挺胸、高舉雙手成V字

29 譯註：observational learning，又稱「替代學習」（vicarious learning），指藉由觀察他人行為而發生的行為或態度學習。

形，甚至微笑，對身心都帶來正面助益。肢體語言也會向你的隊友和對手發出訊息，能傳達出你正專注在競技的當下，也能傳達出你已經認輸準備投降。你的影響力範圍比你所知道的大，你雖然一個字都沒說，但你的肢體語言說了很多。

對於情緒（尤其是負面情緒）採取怎樣的應對方式，也很重要。我總是跟選手說，要創造穩定能量，不要坐在情緒的雲霄飛車上。我希望選手待在有節度、有意圖的理性空間中，不要陷入情緒的不理性空間裡。然而，我知道我們不該耗費能量去試圖抹煞或置換情緒，我們也不會這麼做。我們該做的是教導運動員控制情緒與疏導情緒的方法。

情緒控制並不是去壓抑情緒。很多人會教男孩子隱藏自己的情緒，把情緒往肚裡吞，展現堅忍卓絕的男子氣概。他們覺得女孩子情緒化一點就可以接受，因為那是她們的性別和生理限制。男孩子不會哭，女孩子才會哭。諸如此類，都是昭然若揭的「女人是弱者」厭女情結在作祟。本書稍後會更詳細探討此一情緒控制的觀念，現在各位只要先了解情緒控制在競技卓越的過程上扮演重要角色即可。

另一個有助學習的重要心理機制是寫日記。藉由簡單記下你的想法和感覺，達到更清楚了解這些感覺和想法的目的。日記是一個安全的所在，在這裡你可以放心傾吐你的掙扎、你的恐懼，不用擔心被評斷或被責罰。把所有想法和感覺從腦子裡清空、移到紙上或用電腦打出來，這麼做會讓你感到輕鬆，因為當這些想法和感覺在腦子裡沒完沒了地盤旋不去，會耗去大量珍貴的時間與精神。寫日記不僅有助於清空腦中的紛亂思緒，也提供深思、內省，以及觀點確立、進行改變的意圖和機會。可以記下問題，也可以寫下自己打算怎麼做。例如，**跟我自己設定的目標比起來，我做得如何了？今天犯的那個失誤，我需要反應那麼強烈嗎？下次我要試著如此如此反應，或者，下次練習我要接續上次練習已經達成的改變，繼續改進那個技能的下一個部分。**除了讓想法與感覺更清晰之外，寫日記也對減壓、減輕焦慮有幫助，對情緒管理尤有助益。

日記還有一個重要功能：記下你為什麼那麼喜歡、那麼享受這項運動。有趣和令人愉快的點在哪裡？之所以要記這個，是因為總有一天，你會覺得這項運動變得好難好難，沒那麼好玩了。在這些艱困的時刻，日記就能派上用場，提醒你，你為什麼會在那裡做著那件事，讓你想起自己對這項運動和競技的熱愛，幫助你度過難關。

寫日記對有些運動員很有效，但對有些運動員效果就沒那麼大。可以試一陣子，看看效果如何。不過說到底，這應該是件你想去做而做，不是必須做而做的事。最重要的其實是「深入思考」這件事，不管寫不寫日記，都必須進行深入思考。

還有一項我們必須要教的「心理」技能，就是基本的技能精熟度。這是心理素質中至關重要但常被忽略的一環。若實體技能未達標，心理技能也起不了什麼作用。即便你有全世界最棒的罰球前例行動作，但只要投籃不行，一樣沒戲唱。你可以拍球三下，嘴裡念一串話，球投出去照樣很不準，但不是因為你心理素質差，而是因為你真的不太行。太多人把表現上的失誤歸咎於心理問題，但大多數時候這其實是身體或技術上的問題。純熟的技術是心理素質的基石，對技術的信心，百分之百與技術能力有關。

以上心理技巧，有助選手練習時的學習及比賽時的發揮。順風順水的時候意氣風發不是什麼難事，但我認為真正定義冠軍行為的是你如何應對艱困時刻。當情況艱難、壓力山大的時候，你怎麼做？你打出精采好球，但裁判誤判、做出不利於你的判決，你要如何回應？你會覺得憤怒？沮喪？還是挫敗？你的心態會突然轉變，變成不再想要求勝，而只求不要落敗嗎？還是你會深吸一口氣，繼續專注在手上的任務？

雷維沙博士談到壓力下的表現時，有幾句話說得很好。以下摘錄幾個我認為特別適用在學習和競技上的金句。第一句：「**你有那麼差嗎？一定要在自我感覺良好的時候才打得好？**」真是大哉問！一定要在情況完美的時候我們才能發揮實力嗎？以賽場上出現完美情況的頻率來看（實話實說：不太常出現），把自己在競技時刻的感受放在一旁，專注在那一刻為了求勝所該做的事，是非常重要的能力。不管你對那一刻有什麼想法，那一刻根本沒在鳥你！套句雷維沙會說的（金句二），「**你能好好去過很爛的一天嗎？**」假設你此刻的能力只剩平日的六成，為了團隊你能把這六成百分之百發揮出來嗎？好消息是你可以。藉由學習自我控制，你也能學著控制自己的表現。

【訪談】

莎拉．維爾特（Sarah Wilhite）

莎拉．維爾特目前在日本打職業排球。她是二〇二〇年奧運美國室內女子排球代表隊的替補球員，自二〇一六年從明尼蘇達大學畢業後，即加入國家代表隊。莎拉在大學期間，每年都打不同位置，但從未獲得任何獎項，直到她大四那年，情況才大有改觀。那一年，她獲美國排球教練協會（AVCA）與ESPNW提名為年度國家運動員，獲選十大聯盟年度運動員，並入選全美大學明星隊一軍陣容（first-team All-American）。

今天我們來聊聊如何將心理素質融入身體的競技。你大一加入球隊的時候，顯然是具備相當身體天賦與能力的選手，但我想應該可以說你那時的表現並不穩定。對自己的狀況，你那時有什麼感覺？

莎拉．維爾特▶我記得我在一場季前賽打得非常好，我覺得很滿意。後來我們開始跟比較強的對手打，突然間，我開始對所有原本我以為我會的技能產生懷疑。我對自己沒什麼耐心。我記得在比賽裡，只要第一個攻擊沒打好，或甚至只是熱身時狀態不佳，接下來整場比賽我就都在狀況外了。不知道為什麼我一直給自己一種不切實際的壓力，要求自己要完美。雖然我離完美根本還很遠。

那時你對自己基本技能執行能力的認知，與你的實際能力之間有一段差距，你那時有發現這一點嗎？

莎拉．維爾特▸我知道自己的動作裡有一些缺乏效率的部分。但在高中時期，我在心理上或技術上從來沒有面臨什麼壓力，沒效率好像也沒什麼關係，在那個階段是這樣。所以到了大一，我發現這段落差時，我心想，**喔老天爺，我該做的功課還真不少！**對我來說，那種感覺很不舒服。我與那不舒服的感覺奮鬥了很久。

意識到那一點有沒有讓你心生懷疑，你有沒有想過，「也許我沒有自己以為的那麼好？」這種壓力展現在什麼地方？

莎拉．維爾特▸我那時對結果感到很擔憂，而擔憂結果是最不該做的事。你試圖精進某個技能，而在變好之前，你會先變差，這是自然的。當我意識到認知跟現實間的差距那段時期，我有很多事還沒想明白，場上的表現也不如意，感覺很不舒服。其實我還沒達到那個結果，是因為還在過程之中。我覺得那一股不適感，與我無法拿出最好的表現、也沒信心能拿出最好的表現絕對有關係。

而有的時候，你會感覺壓力山大，壓力大到不行。我們得聊聊那些時刻，莎拉，那些你感覺你做不到的時刻。

莎拉．維爾特▶那是一種心理障礙。就像練習助跑時，做了一次很成功的，我就會想，「喔耶，我抓到竅門了！」但接下來三次，我都沒做對，這時就會很沮喪。我還記得你每次都會說，你應該現在還是在那麼說，你說「生氣沒用，要進步才有用」。但我就是一直在生氣，生了很久的氣之後，才開始有進步。

那你覺得你說的心理障礙，跟自我對話有關係嗎，與一直跟自己說「爛透了」、「我好爛」之類有關係嗎？還是你覺得比較是，「我應付不來了」這種，跟認知超載比較有關？

莎拉・維爾特：我想兩者都有吧。我那時的確一直跟自己說，「我做不到。我做不到。」我會一遍又一遍地說，說到我的身體也開始相信，然後我就真的做不到了。

這就是所謂的自我實現……

莎拉・維爾特▶我那時候會想，我永遠到不了那裡。我永遠沒辦法完成這些小改變，永遠做不了更大的改變。

來聊聊你大二那年。你這樣過了一年以後，事情有什麼改變？

莎拉・維爾特▶那就是二〇一四年了，球隊狀況不是很好。那年我們也大刀闊斧改變隊上的文化。那年春天發生蠻多事的，不過好事是我們比較像一個團隊了，可以一起打拚。心理上我還是滿掙扎的，但我記得那個春天球隊在賽場上連番受挫，我覺得這使得大家團結起來。努力奮鬥一起熬過去，就是那種感覺。

我覺得一切都是環環相扣：重力訓練、恢復，和在場上學習的種種。學習怎樣在練習中挺過那種不舒適的感覺，會幫助你在賽場上撐過不舒適感。

所以之後你就升上大三了，我記得有幾次我們聊到運動的心理層面。能請你多說一些嗎，關於那些談話還有那個過程？

莎拉．維爾特▶我記得在談話的時候，我常常變得很情緒化，我那時還是有一些障礙，關於我想成為怎樣的人，還有我想怎麼到達那裡的障礙。那些談話不真的是關於排球，主要是聚焦在心理素質還有情緒控制。我們有聊到對於期望的管理——自己的期望，別人、甚至是社群媒體上的期望——我們聊到如何管理這些期望帶來的壓力。

我覺得我把不切實際的壓力加在自己身上了。關於自我對話，我們也聊了很多。我想那時對我最嚴苛的應該是我自己吧，你就是那時候提醒我，你說回饋是針對我的表現，不是針對我個人，是為了學習，還有為了向前再進一步。在某個時間點，我突然懂了。

我記得有一場比賽，應該是我大四的時候，那個瞬間我還記得很清楚。我們的對手是區排名第一的隊伍，我們是第二，所以那是一場重要比賽。我們輸了前兩盤。如果是之前隨便哪一年，我一定會想，**我們完了**。**我做不到**。但那一刻我卻對自己說，**我辦得到**。**我們辦得到**。我對我們下的工夫有信心。如今回頭看，那真是解放的一刻。之前我絕不會那麼想。我還記得第二盤結束後你說，「嘿，我們讓對面那些傢伙太輕鬆了，得讓她們瞧瞧我們的厲害。」

我記得我說，**喔，你說的對。我相信你**。我真的深深相信。沒錯。我相信。沒錯。沒錯。我們辦得到。我辦得到。帶著信念往前走，然後，沒錯，我們贏了。這對我來說意義重大。

到了大三你開始漸漸摸清方向，二〇一五年賽季球隊表現亮眼。之後的夏天你也有非常出色的表現，之後你升上大四，局面非常不同了。能談談這些改變嗎？

莎拉．維爾特▶我們隊上有優秀的隊員，我大三那年好幾個都入選全美大學明星隊，黛莉離開後，就留下一個大空位待補。我覺得那個機會推了我一把，讓我開始改變自己的心理素質。隊上的文化也很有幫助。我覺得每個人都是抱著想要進步的心，參加每一場練習。你和其他教練也是我們的助力。知道自己的角色和自己肩上擔負的重量，這些認知改變了我，我對這感到興奮，而不再覺得這是壓力，我的心態變成「我想做，而不是我得做。」

你覺得是意識到機會，幫助你克服了恐懼嗎？

莎拉·維爾特▶一定有幫助。感覺那個機會大到我不能裝沒看見。但你肯定已經準備好了。你知道我的意思嗎？假如那個機會是在你大一的時候出現，我就不知道你會不會像大四的時候那樣全心擁抱它了。

莎拉·維爾特▶沒錯。我想，大學前三年裡我經歷的那些不順利和阻礙，讓我能好好抓住那個機會。要是這機會來得早一點，我有可能會回到高中時的心態，只想要舒舒服服，不願意腳踏實地努力。

在聯盟賽期間，每個晚上都有一場對決，所有的弱點都會暴露無遺。所以不但得管理好自己的技術，也要管理好挫折和逆境。

但與夥伴們同心協力朝同一個目標努力，真是很美好的事。那是我的甜蜜點，那種和身邊的人心意相通的感覺，我真的很喜歡。每個人都設身處地為身旁的人著想，這能激發出你最好的一面。

我記得有一場比賽我打得很不順。一位隊友走上前對我說，「我知道你知道自己現在打得不好，但我們需要你看起來覺得自己打得很棒。」她的話點醒了我。她那是客氣的說法，實際上的意思就是，「不要在那邊自憐自艾了，為了球隊振作一點可以嗎？」拿出你的心理素質來。

這些幫助你發展出心理素質的經驗，對你日後的人生有什麼影響？

莎拉．維爾特▶到一個陌生的國家打職業球隊，各方面都要有很多的調整跟改變。並不舒適。感覺一切都跟你熟悉的不同。到了雜貨店什麼都看不懂，跟某些隊友幾乎無法溝通，諸如此類。但我在明尼蘇達學到的「要對不舒適感到舒適」這個觀念派上用場了。而且，剛剛提過關於我的甜蜜點，跟隊友們心意相通的時候我的球技會有最好的發揮，這點在打職業賽時也一樣。我知道做一個好隊友的重要，也知道與隊友建立關係的重要。所以即使隊上有人不會說英語，我們還是可以用其他方法交流。

Column 4

	4
選手責任	· 處理回饋
教練責任	· 給予初步及外增回饋
指導原則與行為	· 回饋 · 只針對目前著重的關鍵指令進行教學 · 訓練的目標 · 競技 · 測驗 · 資料

選手責任

回饋是資訊，而且只是資訊。草是綠的；天是藍的；這是你剛剛嘗試技能的表現。盡你最大的努力，不要把這份資訊個人化或內化。你還是一個好人，我們也非常喜歡你，但我們希望你改掉這個技術上沒有效率的點。接收這份資訊，盡力把它應用到練習中，然後應用到比賽中。

教練責任

之前提過溝通，當你給予回饋時，要留意表達方式。你給的是特定資訊，所以內容很重要。我建議運用關鍵指令來給予回饋，不然至少也要提及關鍵指令。關鍵指令是切成大塊的資訊，說出來沒幾個字，但意義含量卻很大。因此用關鍵指令給予回饋會很有效率，而且這會成為你們隊上文化語言的一部分，也因此更加有力。

你若讀過過麥拉賓在溝通領域的研究，應該會留意自己的語調，並注意自己的肢體語言。以穩定而審慎的語調給予的回饋，接受度可能比用吼的回饋高。淡定中性的肢體語言，投射出中立的樣貌神態。

我建議不要用冷嘲熱諷的方式執行教練工作，嘲諷會拉大你和選手之間的距離。當然，一點幽默無傷大雅，大家也都希望在追求卓越的路上能開心點，但前提是不能傷害到運動員。用運動員需要被對待的方式對待他們，用對他們有效、他們最能接受的方法向他們提供資訊，不是用你喜歡的方法。你的目的是加快學習和理解，所以當然是以最適合學習者的方式傳遞訊息。

指導原則與行為

回饋

對於回饋及其各種各樣形式的研究，已經超過一世紀了。在此無法全部詳述，我們就談談運動技能學習上的回饋該注意的幾個重點。在運動領域，主要關注的是回饋的種類，給予回饋的頻率，以及選手的注意力焦點。然而，最重要的是，運動員本身就是自己最重要的回饋來源，是自己最佳的學習機制。那是他們的身體，為他們所控制，他們可以學會如何評估自己的表現，如何修正或重複。身為教練，我們的職責應該是建立運動員的意識，讓他們明白所需任務與其應用是什麼。就和教學與教練的所有過程一樣，技能的習得和應用不是在做算術。相同的輸入往往不會得到同樣的輸出，因此有賴我們以最適合運動員的方式，來應用本領域的相關研究。我們採用的方法應受原則的指引，但應用的方式則可加以變化，因為人不一樣。

回饋可分為任務內在回饋與任務外在回饋，也就是說，我們可從自己的經驗、感知和感覺等得到回饋，也可以經由外在或外部來源（例如教練或影片等）得到回饋。外在回饋又稱為外增回饋（augmented feedback），因其是疊加在內在回饋之上給予的資訊。外在回饋又可分為兩種，一種叫KR（結果知識，knowledge of result），另一種叫KP（過程知識，knowledge of process）。

KR描述動作的結果，發生什麼事，及任何與這個結果有關的資訊：高爾夫球往右偏、掉進長草區了，或球往前直飛、上了果嶺。KP則描述產生該動作的運動過程：球往右偏是因為你太早轉動臀部，或者手部隨球不夠，之類。KP可以是單純敘述：你動作裡的這個部分很沒有效率；也可以摻入想法：這部分沒有效率，你應該這樣做才能改正。可以觀看動作的影片，或甚至可以手動調整運動員的動作。KP可以是同步的，在運動員執行該動作的同時給予，也可以放在最後，等動作完成後再給予。最後，KP可以是量化的，比如：你這球的球速是一百五十三公里；也可以是質性的，例如：那一球你的手臂角度比較低，或你的步幅比較短。

回饋的種類很重要，但頻率也很重要。研究顯示，過量的回饋會阻礙學習，原因有以下幾個：選手與教練之間形成某種互相依賴的關係，選手完全依賴教練取得資訊與認同；選手無法在對的時間點做出對的選擇，因為沒有人授權他這麼做。

過量的回饋也可能使學習者認知超載；要記得，大腦處理訊息的能力有限，而你不會希望選手因為太過注意回饋，而失掉對於手上任務的專注力。就像他們說的，打球的時候一動腦子想就完了。

另一個回饋可能抑制學習的情況是，選手因為不想再聽到那個回饋，所以十分急切地想做出教練要求的改變，好讓教練滿意。但這個改變是短期的，並未建立所需的長期神經通道。推動改變的，是改變或停止那個回饋的短期目標，而非長期的任務目標，急就章的結果反而使進步更為緩慢。

假如讚美比處罰更有效、更能提高學習者投入的程度，那給予回饋時也該考慮到這點。回饋往往會被視為關於選手動作的負面陳述（記得大腦的負面偏誤嗎？），且會被解讀為針對個人的指責，而非單純客觀的資訊。我們說的是沒效率，他們聽到的是不夠好，好像是選手的錯，是他們能力不足，而非只是欠缺訓練。草是綠的；天是藍的；你的腳要這樣擺，不是那樣擺。事情可以是這麼簡單。你的運動員會想在回饋上附加情緒，但要記得：生氣沒用，進步才有用。情緒只會壞事，運動員若能把回饋視作能幫他們進步的單純資訊，學習就能更有效也更高效。

談到回饋頻率，早期研究（上溯至一九三〇年代）主張頻率愈高愈好，那時認為如果一點回饋能帶來一點學習，那更多回饋就帶來更多學習。但現實狀況不是這樣，每個重複動作後都給予回饋，反而使學習效果下降，原因不外乎認知超載、依賴，或球員的專注力從完成任務上移開、跑到企圖改變回饋內容上。

沃爾夫在注意力與運動技能學習的研究主張，當教練藉由關鍵指令與之後的回饋，將球員的注意力焦點導向外在提示（與動作結果相關的某事物），而不要導向內在提示（與執行動作的身體部分相關的某事物），學習與技能維持的效果便能提升。

沃爾夫也測試內在提示與外在提示情境下回饋頻率的效果，她發現，若使用的是內在提示，那回饋頻率低一點反而好。每三次重複動作給予一次回饋的效果，比每次重複動作都給予回饋好。將選手的注意力導向內在提示，又搭配不斷的回饋，對學習效果傷害較大。

當研究者使用外在提示時，回饋頻率就沒那麼重要了。不論是以三十三%或一百%的頻率給予回饋，對學習都沒什麼負面影響。對學習與表現影響最大的因子似乎是外在提示，而不是回饋頻率。這代表藉由建立外在提示（著重於理想動作效果上的關鍵指令與回饋），你可以依選手的技能水準可能需要的頻率給予回饋，而不至於對其學習效果產生負面影響。

就如我剛剛說的，運動員是自己最重要的回饋機制。內在或外在提示，都可以引發內在回饋。教練是外在訊息的主要來源，同時也提供指導和回饋。另一種外在回饋的形式是影片。可以讓運動員看自己的動作，或看別人有效執行該技能（或以目標的執行水準執行該技能）的影片。影片通常用於練習後或動作重複後的回饋，但作為練習前或動作重複前的指導，其實也很不錯。看見教練希望這個技能如何執行，有助於運動員形成或修正基模，也能使下一次重複動作練習的意圖更明確。

關於外在提示，我們已經討論過用在技能關鍵指令與後續回饋的用法。而要從外部促進學習還有其他方法：可以建立場地限制（讓空間縮小或擴大）；增加守備站位線；或在場中設置標的物。這些外部方法，都可以幫助學習者連結技能學習過程與結果。

最後來聊聊回饋的表達，也就是你的語調。給予回饋的語調應該是平穩的，像在對話一樣。不應該用尖叫或是用吼的，也不要帶有責備或貶抑。回饋應該直接而誠實，我會強烈建議不要用嘲諷的方式。嘲諷會製造太多解釋空間，但我們追求的是效率。

對於那些很愛吼人的教練又該怎麼說？我知道有些教練很喜歡吼人，但是，在提高音量這回事上，少即是多。你的運動員很快就會自動過濾掉那些持續不斷的噪音，而且要是你什麼都用吼的，他們怎麼知道什麼才是真正重要的呢？從你嘴巴吐出來的，總不可能字字珠璣吧！

練習時我偶爾也會吼人，但那是情非得已，通常是因為球員太過散漫或是心不在焉。我幾乎不曾為了結果吼人，更從未針對個人。我吼的時候，可是很有把握選手全都會豎起耳朵，因為我不常這樣，他們會注意聽我要說什麼。不過我再提醒一次，提高音量是教練工具箱裡的一種工具，能產生短期效果。就長遠的改變來看，這並非有效的方法。

只針對目前著重的關鍵指令進行教學

只針對目前著重的關鍵指令進行教學，是提高學習效率的重要一環。這種方法突顯單一焦點，有利學習者快速學習。說要針對單一關鍵指令練習，卻東拉西扯聊了好幾個，只會讓人暈頭轉向。運動員的注意力焦點被分散，要求的任務也變得模糊不清。

大部分教練都太努力了。他們想把自己對某技能的所有知識傾囊相授，而不願意只針對目前著重的特定關鍵指令，給予回饋和指導。大腦處理訊息的能力有限，所以教練長篇大論的談話內容，轉眼就成為選手的耳邊風。關於足球的4－4－3的陣型，比起4－4－2鑽石陣型有哪些優勢，即使選手很想聽聽教練的高見，但聽了兩分鐘後，他們應該就會自動放空了。之後二十八分鐘的高談闊論，也許滿足了教練的自我，但也就這樣了。不管你的知識有多麼淵博，請按照學習者的步調來教學。

訓練的目標

設計訓練結構時，應該仔細考量該訓練的目的。這裡要教的技能或作戰系統是哪些？我們想強化哪些行為？依據這個目的來設計或限制訓練項目，以迫使或誘使運動員練習特定技能或組織戰法，同時盡量提高移轉率，增加運動員的反應機會與接受回饋的機會。

競技

練習時的競技提供極佳的外在誘因。只要開始計分，選手的工作率、投入程度和享受程度都會立刻提升。藉著在練習和賽事中的競技，並記錄客觀表現資料，便能提升表現與投入水準，加快改變的發生。

一般人以為團隊默契是靠社交上的連結來培養。但我見過最好的球隊，都是在練球中蛻變，變得更加團結，而競技是此過程中的主要機制之一。至少部分練習時間（甚至全部練習時間）應聚焦在競技，以利選手學習如何投入在戰鬥中。儘管我們很希望到了比賽的重大時刻，能夠臨危不亂拿出最好表現，但大多數情況我們只能拿出基本的技能精熟度，平日最根深柢固的習慣到了比賽時都會原形畢露。因此，我們一定得確保自己連壞習慣都是好的。之前提過，經驗是最好的老師，所以競技機會愈多，我們的競技能力就愈好。那些競技時刻，是我們最重要也最有價值的學習機會。

我帶過很多球隊，但我從來沒有承諾過運動員任何先發位置或上場時間。我只承諾自己會全心全意幫助他們成長進步，但上場的資格們必須自己爭取，且每個人都可能掙得這個資格。能力至上確實有其效果。否則，運動員可能心理盤算，**反正這週末我也不是先發，今天練習就輕鬆一點好了**。而已經確認擔任先發的選手也沒什麼誘因要認真練習。但若今天可以藉著努力練球、好好表現，在練習時打敗先發球員而贏得出賽的資格，那麼球員的投入程度和意圖都會有所提升，而先發球員也不能再高枕無憂了，他們也得繼續努力！

這種隊友間為了共存共榮、為了球隊的利益而彼此競爭與合作的概念，稱為**競合**（*co-opetition*）。競合這個詞早在一九〇〇年代早期就開始使用，主要應用於商業與賽局理論。但這個概念在運動領域也很適用，能顯著提升團隊表現。以競合方式將能力至上的機制放入團隊中，感覺上合作的成分更大於競爭：隊友能為我做的最棒的事，就是努力打敗我，而這也是我能為他們做的最棒的事。藉由競合，個人與團隊的技能及組織作戰弱點會被暴露出來，也製造出學習與進步的契機。有一條斯巴達戰士的信念，意思大概是：在練習時流汗（並學習）總比在戰鬥中流血好。說得淺顯一點，在練習時競技，有助在比賽中更有效地競技。

測驗

我們必須追蹤選手的表現，才知道練習前後到底有沒有改變，因此需要針對選手正在學習的技能，測驗其執行能力。除了能追蹤進步情況，我發現技能測驗對選手和教練來說還有一大好處：學習者意圖明顯提升。運動員的表現必須接受評分，這個事實會改變他們投入練習活動的方式，幾乎沒有例外。

要評估某人到底學了多少，必須看他在場上執行技能的狀況才能知道。必須有辦法測試選手，針對該技能關鍵指令的執行水準（或某種程度的應用水準）進行測驗，讓選手對自己的表現負責。我們必須把關鍵指令的應用與表現成果連結起來，看看這些關鍵指令到底在運動員的技能改善上有沒有幫助。也就是說，我們要找到量性和質性的方法，將過程與結果連結起來，並持續追蹤。

這些測驗如何設計，是我跟艾瑞克森常常討論的問題。我們認為，要評估和記錄進步幅度時，並不只是評估選手在某個特定時間點的表現而已；我們還要知道該選手是否能維持住他所做的改變，即這改變是否能長時間維持。我們需要同時達到技能的改變與維持。

我們知道，當技能中加入更多複雜的層次之後，選手往往會退回自己最根深柢固的習慣裡。因此，耐久而持續的技能習得必須與行為改變有關，必須建立新的習慣。我們要新的技能效率，成為執行水準的基準線。因此，測驗必需要看出選手能以理想的機械效率[30]執行該新技能的頻率。

我也與艾瑞克森討論有什麼測試與增強行為的方法，能讓行為有較高的機會變成習慣。我們很快就發現一個驚喜，只要我手上拿著寫字夾板，選手的專注度就會立刻跳升一級，很用心地想把動作做好。我會評量在受控環境下某個固定數目的重複動作：你做動作，我打分數。測驗在選手注意力與意圖上發生的影響顯而易見。

但別忘了，比賽的場合是隨機環境且步調緊湊，因此受控環境下的重複動作，只是測驗的第一階段。在第二階段，我們告訴運動員，教練們會從練習的錄影中隨機挑選某技能的重複動作，就針對的關鍵指令，評估重複動作中的技術效率。他們不知道哪些重複動作會被挑出來評分。

這種間歇性的評估排程實際執行起來十分理想。因為我們也沒有足夠的人力與時間，替每個重複動作打分數，所以隨機取樣是唯一辦法。對運動員來說，由於任何重複動作都可能被拿來評分，所以他們會帶著每個動作都可能被用於評分的認知來進行訓練。若他們想要展現自己的進步，就必須試著每次都正確執行該技能。

測驗流程的第三階段，是用同樣的錄影隨機取樣方式，評估競技時技能執行的改變。改變的終極檢驗，就是看看競技時你會發生什麼事。這個測驗流程，追蹤練習和競技時的技能執行改變並加以評分，效果極為優異。大家都知道運動員會對進步上癮，當過程與結果的連結更清晰時，學習、進步的意圖和努力都會提升。

資料

外在回饋也可用統計資料的方式給予。持續記錄數值化的表現結果，並把這份資訊給予運動員及教練，會是很有力的回饋與決策工具。練習時，設法測量速度、力量、正確度、反應時間或動作時間等變數，這能提供很有價值的回饋，也有助於把學習過程和表現結果連結起來。

另一個把資料用於回饋的方法，是在技能執行有效率和無效率的情形下，分別記錄並追蹤表現結果。我把這稱為「資料加工」，雖然很費工但非常有效。讓運動員看看，達到理想的動作效率時，其技能執行的有效度提升了二十%，無效率時表現下滑，這提

30 譯註：為物理學概念，指機械運作順暢穩定時，輸出功（有用功）和輸入功（動力功）的比值。

供了極佳的回饋與誘因，讓運動員做出並維持教練要求的改變。

說到人對於表現的感覺，麥可・路易士（Michael Lewis）在其著作《魔球》（*Moneyball*）中，有一段話談到人並沒有能力區分自己的感覺與現實。在這本關於棒球的書裡，他是這麼寫的：「一個人光用看的，絕對看不出打擊率三成的打者，與打擊率二成七五的打者差異在哪。這兩者的差距是每兩週一支安打。」我們必須越過自己對某次表現的感覺，去看看真正發生了什麼事，因為我們的感覺往往受到負面偏誤的影響。我帶過很多運動員，自己感覺表現很差，結果我們不但贏了比賽，而且從統計數字看，他們的表現也非常好。資料是很好的、正確又誠實的回饋。

Column 5

	5
選手責任	· 修正或重複目標／基模步驟（使用Column 1及Column 2） · 找出下一次技能嘗試要做的改變
教練責任	· 協助運動員找到適當的技能修正處或進程（使用Column 1及Column 2）
指導原則與行為	· 參考目標與技能基模欄位（Column 1與Column 2）

選手責任

在嘗試了某技能，並處理了收到的內在及外在回饋之後，你必須專注起來，準備進行下一次的重複動作。若你正確執行了該技能或技能的關鍵指令，要再試著正確重複執行，這樣才知道之前只是僥倖，或者真的在技能執行上發生了改變。若你的表現穩定，顯示想要的改變已經發生，那麼你可以把注意力轉向關鍵指令的下個部分，或下個關鍵指令，或甚至下個任務目標。若動作中無效率的點仍然存在，你就得決定下個重複動作時要做什麼改變。這些決定不一定要全靠你自己，教練在這裡也有他的角色，但只要已經找出適當的修正處，你心中的基模也要做相應的適當修正，預備執行下一個重複動作。

教練責任

你要協助運動員找出適當的修正處或進程（指關鍵指令的呈現順序）。運動員嘗試該技能，你則就他動作中有效率和無效率的部分給予回饋。要記得，務必在這兩方面都給予回饋。運動員做出第一個技能嘗試後，你要就其技能水準進行評量，並評估他在達成每日目標與任務目標上的進步幅度。問問自己下一個嘗試應該做哪些調整和修正，並告知對方。若運動員已達足夠的執行水準，就要向下一個關鍵指令挺進。依據運動員的狀況進行教學與指導：你必須實話實說，但記得要不斷去捕捉他們做對的時候。任何正確執行的部分都加以讚許，以學習者最能接受的方式指出其動作中無效率的部分，這樣能使運動員下一次嘗試時，有最大的機會做出正確反應。

Column 6

	6
選手責任	·重複技能嘗試（使用Column 3、4、5） 或 ·嘗試技能應用（Column 7）
教練責任	·重複技能教學（使用Column 3、4、5） 或 ·往技能訓練邁進
指導原則與行為	·使用之前提到的所有技能習得原則／行為（Column 1-6） 或 ·往技能應用原則／行為邁進（Column 7）

選手責任

你的責任是重新調整好自己，準備好進行下一次技能嘗試，步驟順序請參照Column 3、4及5。技能嘗試後，教練會請你重複技能習得過程，以添加更多技術層面，或者也可能往Column 7邁進，試著在競技中應用該技能。這也許是練習中的競技，但若你學得差不多了，也可能與對手競技。

教練責任

繼續在此架構內指導、訓練選手。盡量提高移轉率、選手的反應機會與接受回饋的機會。舉例來說，假如關鍵指令一的技能部分已經達成，那麼你的回饋就應該主要針對關鍵指令二。但必要時，還是可以提到關鍵指令一。針對目前著重的關鍵指令，配合學習者的步調。若因為技能執行的改變，選手需要在同樣情境下重複嘗試，或需要在修正情境下重複嘗試，那就回到Column 5。

若技能水準已經達標，就往Column 7邁進，並試著以練習中的競技，幫助選手應用該技能。由於時間限制，你也可能需要幫助他們在真正的比賽中應用其技能。

指導原則與行為

繼續應用Column 1-6中列出的指導原則與行為。最終選手會達到所需的技能習得水準，或在限制條件下（例如時間）已經盡可能做出最大改變，這時就往Column 7前進，把自己學到的在競技時應用出來。

Column 7

	7
選手責任	· 應用技能 · 設定並執行競技意圖 · 權衡狀況與調整
教練責任	· 競技前／中的系統與策略 · 針對選手需要進行教練工作 · 檢討
指導原則與行為	· 專項化 · 情緒控制 · 決策 · 最大努力 · 心理專注

選手責任

體育競技是身體上的比賽，需要高度的心理集中力與身體的努力。競技的時刻早在比賽之前就開始了。睡眠、恢復手段（熱敷、冰敷、加壓等）、營養／能量補充、補水，以及身心的良好狀態，都是競技前你該留意的因素。規畫與準備也是競技卓越中的重要部分。這些在本書Part 3會更深入討論。

選手的責任是訓練、學習與競技，而競技階段的重點是技能應用。選手必須把自己的身體、心理與社會技巧以及練習中學到的技術技能與作戰系統，在競技時應用出來。

選手必須帶著意圖參與競技。我前面說過，技術信心與技術能力有絕對關係，在競技時更是如此。選手投入的所有練習時間，都是要為競技做好準備，其競技意圖展現在技術、決策、情緒控制、紀律和努力等層面，在團隊運動上，也藉由成為優秀隊友的能力來展現。看待競技時，很容易只看結果、只求得勝，但選手必須抗拒這種傾向，全神貫注在自己必須做的事以及做這些事的順序，如此才能有最大機會達成自己想要的結果。在這些時刻，把精神貫注在所有你能控制的事情上，致力於要求過程的品質，結果往往會水到渠成。

競技意圖也與看事情的觀點有關。我們打球的目的是要贏？還是不要輸？這兩者大相逕庭，而這樣的差別是與信念和情緒控制有關。為了贏而戰，顯示出堅定自信（我覺得這個形容比「有侵略性」適合，因為這是意圖而非情緒）。選手們心意相通、齊心協力。為了不輸而戰，就完全是另一種能量——焦慮而被動的能量。這又回到希望比賽有好結果的期待，而不是確切認清自己能做什麼、該做什麼，才有最大的機會達成想要的結果。

因此，選手怎麼競技，其實與信念和意圖大有關係。表達這種信念的陳述，例如「我可以」或「我會」，能夠強化選手的信心和行動。當競技陷入困境（或早或晚一定有陷入困境的時候），你應該聚焦在自己能做的、能控制的事情上，全力以赴做好這些事。

至於哪些是可控制的要素？我們向選手指出了幾項，主要是四E五C，四個E是努力（effort）、能量（energy）、執行（execution）與優勢（edge），五個C是溝通（communication）、連結（connection）、控制（control）、打氣（celebration）與穩定（consistency）。我們也提到正向思考、正向行動與正向情緒，總之就是一切我們想得到的辦法，希望能把選手和他們的競技意圖連結起來。

隨著比賽開展，競技環境可能發生改變。以戶外運動來說，可能是天氣或場地狀況，就是與活動有關的實體限制。也可能是比賽中發生戰術變化，例如不同對戰組合或不同的組織作戰方式。這些戰術變化的目的，是攻擊對方弱點，或善用己方優勢。選手是否能發現這些改變，並快速調整狀態以配合這些改變，是競技卓越中重要的一環。比起只用自己想要或自己期望的方式競技，「如實」以場上狀況調整競技方式將更為有效。權衡狀況並隨之調整的能力，乃是競技成功的重要部分。

教練責任

整個隊伍的技能與作戰系統都到位之後，就要為競技做準備。提高競技成功機率，要從擬定計畫開始。你要採什麼戰術？對手有什麼模式或弱點，是你可以好好利用的？在偵察敵情這一塊，只要做些簡單的觀察和資料收集，任何人都能擬定詳實的作戰計畫，因為所有隊伍與所有選手都有固定模式可循。雖然找出並鎖定對手的弱點很重要，但我認為更重要或至少同樣重要的，是要發揮自己的優勢。同時要記得，競技不論輸贏都發生在場上，不在紙上。因此，球員在技術上無法做到的，就不要紙上談兵，此外由於認知能力的限制（這之前我們談過很多），請配合你受眾的步調，節制自己過度教學的熱忱。不被理解的計畫不可能是好計畫，假使選手無法理解你的計畫，當然不可能在比賽中應用出來。

在競技時刻，進行比賽中的戰術和技能調整更是絕對必要。發現對手可資利用的新破綻，要趕緊趁勢利用；當對手權衡你的戰略並做出調整，你也要依樣畫葫蘆。若計畫沒有奏效，請忍住卸責的衝動，不要對球員大吼大叫。站在邊線，為了剛剛那球斥責或貶低選手，對於他們準備下一球不會有什麼幫助。不要讓選手覺得他們除了應付對手，還要應付你。人家犯了一個錯，你就兩手亂揮、大翻白眼，把錯怪到球員身上，這都是放縱自己又不成熟的做法。比賽中調整戰術是必要的，但那應該是理性討論，不該是情緒化反應。

會縱容自己做出以上行為的教練，通常認為贏球的功勞全在自己，輸球就全不是自己的責任。其實應該反過來才對：揮汗拼搏的是選手，有好表現，他們應該獲得掌聲。但隊伍表現不佳，就是你的責任。正如偉大的籃球教練伍登（John Wooden）所說：「如果他們沒學好，就是你沒教好。」他們無法做到你的要求，不是他們的錯，是你的。你的任務是幫助選手應對競技時刻，盡量提升他們競技成功的機率。當然，比賽進行得不順，你會感覺沮喪，但請記得你是這裡的大人，把沮喪的能量導向幫助選手準備下一球，而不是為了上一個球吼選手、吼工作人員。追求競技卓越的路途是很艱苦，絕不是尖刻。

我認為在兒少運動中，基本技能的重要性往往被忽略，作戰系統則被過分強調，教授一些過於高深的組織作戰法，但其實在那個級別要脫穎而出，根本不需要這些。兒少運動級別所需要的（事實上所有級別都需要），是執行該運動基本技能的能力。教練常偏重作戰系統或戰術，因為這些比較容易教，結果，兒少運動中「教過頭」的現象就氾濫成災。教練很刻意要展現自己對該運動博大精深之處所知多麼淵博，卻沒有設身處地，為自己應該服務的對象著想。作戰系統也許厲害，但要是運動員缺乏執行這些作戰所需的基本技能精熟度，再厲害的戰法也是枉然。再提醒一次，請不要設計你的選手技術上無法執行的戰術，更重要的是先把基本技能教好，並建立基本技能的應用能力。

就如我說的，教練主導了練習時的氣氛，不管這是不是他們想要的。假如教練對競技感到焦慮，他們的選手可能也有同樣的感覺。若教練很輕鬆，選手也會輕鬆。若競技的目標是要贏，而我們知道情緒可以把人從理性空間推向不理性空間，那麼在執行教練工作時，我們對情緒的使用應該要非常謹慎。你的情緒不需要變成全隊的情緒；請把持好你自己，幫助你的選手從容競技。

在我目前的教練崗位上，很多人都指教過，說比賽時我在邊線上的態度非常淡定自持。然而，我並非對競技時刻無動於衷，也沒有什麼矛盾的心情。事實上，我非常在乎，但我選擇依據當時的情況做我該做的事。比賽場地門票銷售一空，場館裡有六千個人，氣氛已經夠沸騰，我不需要再火上澆油。我試圖傳達出冷靜的氛圍，希望我們的選手也會感到鎮定一些。當然也會有我需要使用情緒的時刻，我甚至偶爾也會提高音量。不過，不管我怎麼做，通常都是選擇後的結果，是一個教練決策，而不是情緒反應。

擔任美國國家排球隊教練時，我們常有機會去國外比賽，這些賽事意義重大，但觀眾寥寥可數，往往不到一百人。我們會在空蕩蕩的體育館比賽，除了自己的競技意圖，館內幾乎沒有任何情緒。我會站在邊線上出聲指導，有好球就替隊員打打氣，通常我都會盡可能放大音量、放送能量。這同樣也是有意識的決定。身為教練，我們的工作是幫助選手應付競技時刻，而我試著做的正是這個：運用自身影響力和能量讓球隊更好。

最後，當比賽結束，不管結果如何，都要做賽後檢討。訓練是為了競技，比賽中的表現，就是我們在技能習得與應用上的最終檢驗。賽後檢討能找出之後的進步機會，選手比賽中有「做得對」的地方，也可利用此時機表揚。

仔細觀察，盡你可能從競技的時刻中汲取經驗，然後繼續往前走。為了達到這個目的，我建議賽後檢討遲不如早，但記得要在你身處理性空間的時候進行。在情緒化的狀態下檢討比賽，往往難以維持客觀；而不客觀，就無法從檢討中得到最多收穫。

檢討不應該只聚焦在自責，一味責怪自己技術上無效率或戰術上錯誤之處；優良的表現也應藉此機會加以表揚、強化才對。人在輸球之後，很自然會想鉅細靡遺檢討一番，而贏球時就把檢討草草帶過。要抗拒這種傾向。贏球會掩蓋掉很多問題，因此進行檢討時，永遠要努力保持客觀，以前後一致的態度徹底檢討。你和你的選手會從中受益良多。

指導原則與行為

專項化

運動員在其運動生涯的某個時間點，都必須專項化。必須擇定一種運動、一個項目，或一個（團隊運動中個人的）位置，在這個選定的運動領域裡，致力於追求卓越。然而，運動員往往被迫過早專項化。

兒少運動中的早期專項化，常常以幾種方式出現。一種是在很小的年紀就面臨只能從事單一運動的壓力。會這樣的理由通常有兩個：一是恐懼（「如果你不全力訓練這個運動，你就永遠到不了頂尖，甚至連下一個級別都上不去了。」）；二是時間規畫（「要加入我們隊伍的話，所有活動都不能缺席喔。然後，我們從七月到明年六月都有排活動。」）

兒少運動中還有一種應該當心的，就是位置的專項化。兒少運動員很容易因為體型而被指派到特定位置，然後就只學該位置相關的特定技能組合。以兒少籃球為例，高個子的運動員就打前鋒或中鋒，個子不高的打後衛。後衛要控球及投三分球，前鋒要背框單打及短投。問題是這些「運動員」可能才八歲。我們連他們長大後是高是矮都沒概念，更不知道將來誰會是最強控球後衛，誰會是籃板王。

我認為最理想的方法，是每個人都要學習該運動的所有基本技能，而且每個人都要打所有位置，至少大部分位置都要打過。當然，這種方法對教練的戰績可能不是最有利，但對於運動員的身心發展，絕對沒有比這更好的安排。大家都聽過高個子小籃球選手的故事嗎？這些在兒少運動時期從來沒控過球的小選手，到了高中就不長了。教練要身高一八〇的他們去打控球後衛，但他們完全沒有控球能力，原因無他，就因為他們小時候比別的小朋友高。這些運動員的體型看似應該打這個位置，但技能差得老遠，而大部分人都知道，長大後學得不會比小時候快。這整件事不荒唐嗎？

為了說明讓所有運動員學習所有基本技能的好處，我們要先探討一下「具有通才的專才」（generalized specialist）的概念，這指的是對某項運動中所有技能都具備優秀水準，而對自己位置相關的特定二到三項技能都達到卓越等級的人。排球運動中有五個專門位置，其中一個是**舉球**。舉球員通常負責二傳，也就是把球做給主攻手，讓其扣球得分。另一個專門位置是**攔中**。攔中主要負責快攻及攔網。由於其攔網是從球場中央開始，防守範圍覆蓋整面球網，所以稱為攔中。攔中不是舉球員；打攔中位置的球員通常身高高，而控球能力一般，控球很少是攔中球員的強項。參加二〇〇八年奧運的美國男排隊訓練期間，我們有教攔中球員（還有隊上其他每位球員）舉球。在奧運決賽的賽末點，我們的一位攔中舉出一球，讓主攻手扣殺得分，也讓我們贏得比賽。這球原本計畫的攻擊沒能順利執行，又是比賽關鍵時刻，於是攔中球員臨場發揮，舉出一個很不錯的球，接下來發生的事大家都知道了。若當初我們只訓練他攔中位置的技能，他舉起球來不可能如此從容自信，也很可能舉不出這麼好的球，那誰知道接下來會發生什麼事？我們只知道，我們贏得了金牌，而且贏得比賽的那一球是攔中舉出來的。培養具有通才的專才是很重要的。

也有科學證據顯示，運動員生涯中過早專項化，反而限制了該員在該項運動的成就。也就是早期專項化適得其反。調查報導記者艾波斯坦（David Epstein）在其著作《跨能制勝：為什麼通才在專業化世界中無往不利》（*Why Generalists Triumph in a Specialized World*）中指出（他的意見也得到實證研究的佐證），在兒少運動員決定自己要從事的專項運動之前，我們應該盡可能讓他們多接觸各項運動，且這段時間應該愈長愈好。接觸多種運動的兒少運動員，之後在自己擇定的專項運動中表現卓越的機率比較高。

情緒控制

就如同學習意圖是有效練習的起點，接近競技時刻時，也應該帶著「說一切自己能說的、做一切自己能做」的意圖，來幫助球隊贏球。學習必要的技能，幫助自己與隊友做到這點是很重要的。而這不只是體能方面的技能；情緒控制也是穩定競技成功中的重要一環。

競技時我們會有情緒，但這不表示我們一定得被情緒牽著走。正面情緒很好，要當心的是負面情緒的雲霄飛車。恐懼、憤怒與沮喪很少會帶來什麼好結果。

比起情緒，我更喜歡與運動員談談能量的創造，創造能量的意圖和努力，都是我們可以控制的。有很多行為可以創造能量，例如身體接觸、溝通、加油打氣，以及表達出競技意圖的肢體語言等，都有助於團隊的凝聚，齊心協力度過比賽中的起起落落。情緒是人類狀態的一部分，可能是正面也可能是負面，我們在鼓勵正面情緒的同時，也要學習負面情緒的處理。我們不能置換情緒，但可以學著控制和疏導它。

情緒控制的教學與訓練並不普遍。事實上，大多數教練都在試圖創造情緒，但這可能造成運動員表現大起大落。我們應該教導運動員情緒控制，但要學會這個，必須先身處於不舒適的處境中，再藉由經驗與回饋，摸索出因應逆境之道。

雷維沙博士會說，你永遠可以對反應作出反應。他會說情緒不一定要主宰行動。彼得斯博士（Steve Peters）在其著作《黑猩猩悖論》（*The Chimp Paradox: The Mind Management Program to Help You Achieve Success, Confidence, and Happiness*）中，也探討了學習控制情緒反應的概念。彼得斯以兩個腦——一個是人腦，一個是黑猩猩的腦——來作比擬，描述情緒與理性思維之間的互動。人腦代表的是我們的前額葉皮質，負責理性思考（例如組織能力或專注力），黑猩猩腦代表我們的邊緣系統，主掌人類的情緒和底層行為（我們能影響卻無法控制的行為，例如戰鬥或逃跑的反應）。他也用電腦來比喻腦中的系統，這個系統會依據過往的知識與經驗，對人腦和黑猩猩腦提供建議。

我發現，大多數人都不曉得邊緣系統或前額葉皮質的存在，也不知道這兩者在情緒反應與理性思考上各自扮演的角色。不過，只要向他們說明這些構造及其職責，往往就能接著教導情緒控制。之前我說過，運動員該做的不是生氣，而是進步。到了這裡，你就曉得我指的是不要「走邊緣系統」，要留在理性的前額葉皮質這邊，因為走邊緣系統就意味著你會變得不理性，也會阻礙學習與競技的進程。

彼得斯的書也提到一個非常重要，同時令人如釋重負的概念，即我們的邊緣反應（也就是情緒反應）未必能定義我們。情緒化或不理性的思考，並不定義我們是誰，因為那只是個念頭，一個我們可以決定要照著去做，還是要把它放掉、讓它逸入虛空的念頭。出現壞念頭的人，不一定就是壞人。假如壞念頭導致壞行為呢？那就另當別論了。

把這應用在運動上，運動員犯了失誤，產生負面念頭。運動員可以在自己的負面念頭與接下來的行動之間，創造一個空間（例如做個深呼吸）。在這個空間裡，他們可以認可這個念頭或忽略它，但也必須決定接下來的行為。他們可以對念頭感到好奇，但不一定要讓它牽著鼻子走。具體一點說，犯了失誤之後，運動員心想，**我好差勁**。接著他們可以停下來審視一下這句話，**我真的很差勁嗎？不對，我不差勁。其實我還不錯！**之後他們可以選擇依據這個想法行動。他們也可以再對剛剛的念頭深入思考：**犯了那個失誤之後，我為什麼會產生那個念頭？下次再有類似失誤，我能有什麼不同的反應？**或：**好怪，我怎麼會那麼想？喔對，認真打球**。你可以對反應做出反應！

關於情緒控制的最後一點是，情緒是會人傳人的。情緒有感染性，因此情緒控制的另一大好處是，不只該運動員會專注投入，還能幫助整個球隊專注投入。研究顯示，高強度的情緒，例如憤怒或恐懼等，對他人的影響較強，傳播速度也較快。而保持淡定、冷靜的姿態，對他人也會發生影響。人人都有一個控制點（就是自己），但我們的影響範圍可能很大。情緒（特別是情緒爆發）的漣漪，可能擴散得又快又遠，因此我們應該控制好自己，不只控制自己的表現，也要控制自己的選手與團隊的表現。

【訪談】

萊利．薩蒙（Riley Salmon）

萊利．薩蒙在二〇〇一年五月加入美國男子排球隊。萊利身高號稱一百九十三公分，這還是穿上排球鞋的高度。他參加過兩屆奧運，分別是二〇〇四年雅典奧運與二〇〇八年北京奧運。在北京奪金的陣容中，他是先發主攻手之一。萊利的身高比大多數同僚要矮，他打入國家隊的歷程很非典型——這還是保守的說法。萊利花了很多年的時光，與自己及對手搏鬥。身高上不吃香，加上他沒有打NCAA一級男子排球，意味著他花了很多時間和力氣證明自己。一旦他學會如何控制自己與自己的情緒，他展現的球技品質和穩定度，便令人刮目相看。他目前在加州爾灣的協和大學爾灣分校擔任男子排球隊教練。

萊利，你所做的改變中，除了技術上的改變，還有一個很值得注意的，就是你培養了在場上很清楚了解自己並發揮自身優勢的能力，你能夠控制情緒，展現極其優異的球技。能不能跟我們分享一下你的心路歷程。

對我來說，走到美國男子隊的這一路上可說是跌跌撞撞，克服了很多困難才走到那裡。本來我根本沒想過有朝一日我能打國家隊。我走的不是傳統的路，這你也知道。（按：傳統上，運動員先進入俱樂部球隊，之後進入NCAA一級的頂尖大學球隊，在校隊表現出色，入選全美大學明星隊，然後受邀進入國家隊。但這不是萊利走的路。）我在短期大學打了兩年，之後有幾家大學錄取我，但我發現學校不是很適合我。所以我離開學校，在排球專業協會（AVP）打了兩個賽季的沙灘排球職業巡迴賽。突然有一天，我接到一通電話，要我到歐洲打一場錦標賽，那時我們的國家隊二軍在那邊打。我就去了，我想我表現相當好。但我以為國家隊只是找我墊個檔，墊完檔就沒我的事了。

然後二〇〇一年，那時的總教練比爾（Doug Beal）打電話給我，要我去試試看。我大概是我那個位置的第九或第十順位吧，而奧運的球員名單只有四個外部球員。看起來我機會不大。但我埋頭苦幹，十分拚命，想說靠著一身力氣加上表現得更強勢一些，應該可以把大家都比下去。想不到計畫沒有我想像中順利，我很快就發現靠那樣我無法脫穎而出。我就常常發飆，不只對自己，也對隊友發飆。我整個人相當火爆。

到後來我都快被球隊踢出去了。我也不想要那樣，但我不知道還能怎樣。我也想要好一點，想做好一點版本的萊利・薩蒙，我常常在想，那會是什麼樣子？結果那就是一個完全超乎大家想像、聰明多了的球員，在場上試著做個最好的隊友，在隊友表現不佳時鼓勵他們，而不是唾棄他們。聽起來很簡單，但要做到這樣花了我一些時間。我真的覺得，要不是你跟我好幾次聊到情緒控制的重要，我永遠無法成為今日的我，不能具備金牌選手需要的心理成熟度。

情緒控制顯然是個問題，只是我不覺得之前有人提出解方，像是一個架構之類的。說「不要再這樣了」是一回事，弄清楚要怎麼做到，又是另一回事。

花了幾年做技術面的改變之後，感覺是時候來做一些其他調整了。

萊利・薩蒙▶我還記得你會讓我接近情緒的邊緣，你會容許我用某種程度的暴烈態度打球。但一等我要開始暴衝了，你就會說：「你太接近了，定下心來。」而我就會照辦。當然不是第一次就那麼順，但慢慢地我能做到了。冷靜下來，然後就打得就好多了，我特別記得這種感覺。能控制自己的情緒之後，我開始能把心力集中在技術層面。我的專注力比以前好，能夠發揮領導力，也能幫助身邊的同伴。在我暴衝的時候，這些都不可能發生。

你改變前後確實判若兩人。你是怎麼學會控制自己的？這是怎麼發生的？

萊利．薩蒙▶世錦賽我們鎩羽而歸（二〇〇六年世錦賽美國隊名列第十），對我衝擊很大。當情況迫切需要，你卻無法成為你必須成為的那個人，辜負了很多人的期望，那種感覺真不好受。我了解到，我不要做那種令人失望的人。

所以我應該是好好檢討了一下自己吧，然後我對自己說：「我要把教練認為我特別強的點，真的都做到特別強。」你給過我一份清單，上面列著我必須做的事。很清楚，有嚴格的規則和實實在在的解方。要這麼做必須有很強的信任才行，不過話說回來，我又不是要變成另一個人，只不過是要變成自己的最好版本而已。我就開始相信我們這套方法，就像我們常常在說的那樣。我必須做那些改變。

在那之前，我想做好的事情太多了，那也是我會那麼生氣和沮喪的原因。有時候我還是會暴衝，但那種行為已經愈來愈少了。

你現在是教練了，所以我得問一下：如果你還是以前那個人，有辦法做個好教練嗎？

萊利．薩蒙▶不行，我想真的沒辦法。若不是經過那樣的轉變，我無法勝任現在的工作。我現在已經放下了那個情緒重擔，我知道把最好的自己發揮出來就好，不需要去痛宰自己或痛宰對手。

奧運金牌的短期報償很不錯，但長期報償更棒。能夠分享知識，能教排球，能教別人如何成為更好的人，對我而言就是最好的報償。

決策

計畫只是個起點，依據的是對手過去的歷史。但今天你的對手可能選擇換個方式來迎戰你，因此你必須要能即時判讀狀況並調整。這個資訊組合（你知道的加上你看到的），讓你有機會在對的時刻做出對的選擇，打出「對的球」。執行這套行動計畫之後，會得到一個結果，結果不是對你有利，就是對你的對手有利。你接著再接收這個資訊，把它應用在競技的下一刻。你調整，權衡，學習。公式如下：

重複此一過程。這個過程看起來很簡單，也很合邏輯，但應用起來可能比你想像的更細緻。要學習判讀情勢並不容易，也難以量化，但判讀和理解的能力，正是卓越選手跟其他人的差距所在。判讀在許多運動中都是最重要的技能。根據現場實際發生的情況決定合適的打法，在對的時刻做出對的選擇（當然也得具備必要技能）是穩定發揮的關鍵。我們必須教導選手從猜想移到現實。

決策 ＝ 計畫 ⟶ 判讀 ⟶ 執行 ⟶ 學習

最大努力

競技時刻能夠盡最大努力來達成目標是很重要的。我們知道競技的等式中，有些變數不在我們控制之中，因此可以說我們的努力與我們所能克服的困難密切相關，也架構出我們最終的成果目標。

「最大努力」在概念上被普遍接受，但在定義上則相對不足；大家看到「最大努力」，浮現腦海的往往是「努力再努力」，而不是對於卓越的追求。然而，最大努力的英文是「best effort」，其中的best意指要盡可能做到「最好」。「最好」的概念才是關鍵所在。「盡最大努力做到最好」的意圖和堅持，是我們競技過程中的動力，也給了我們在比賽過後問心無愧的機會。我們可以矢志追求重大的成就[31]，不管結果如何，都能夠心安理得。若你已經盡力做到最好還是輸球，那就是你技不如人。你還不夠好，但是你已經盡力做到最好——我們每個人能做的，不也就是如此嗎？

假使你沒達到希望的成果，但為了成就這個目標，已經說了和做了所有你能說能做的，那麼你可以從中汲取教訓、再試一次，也可以朝下一個目標努力。但假使你輸球了，而且心知自己有些該做的沒做，知道有些地方其實可以或應該用不同的方法卻沒用，那你很可能會受到悔恨的折磨，那是很難受的。

盡力做到最好。為了贏得比賽，為了贏得一局、一球或一分，所有你能說能做的，都去說、去做。結果，可能你夠好，也可能不夠好，但不管怎樣，至少晚上你都能睡得安穩。

心理專注

心理學家契克森米哈伊（Mihaly Csikszentmihalyi）在其經典著作《心流》（*Flow*）中，提出心流的概念，那是一種高度集中專注的狀態，在包括運動在內的許多活動中，都可以達到心流狀態。運動員有最優體驗的時候，也會有最優表現。運動員高度投入在活動中，除了手上任務相關的事物之外，不受外物分心，也沒有其他念頭，進而使智力、創造力與體能方面的表現都有所提升。

要產生心流，任務必須具有挑戰性，但又不能太過困難。最佳的難度加量被定在正四%，也就是當任務要求受試者要達到比目前技術水準高四%的表現時，最有利心流產生。[32]

心流狀態能帶來超凡的表現。雖然心流不易達到，也難以維持，但它在表現上帶來

31 譯註：同樣是指把困難的事情做得很好，而非世俗意義的功成名就那種成就。

的裨益非常可觀。據估計，一般人約有五至二十％的時間處於心流狀態中，雖然這表示我們應該練習創造更多心流，但體驗心流的時間占比如此低，讓我們不禁要問，那其他八十到九十五％不在心流狀態內的時間，我們該做什麼？

高度專注在一個不會太難或太複雜而引起焦慮，也不會太容易而使人無聊的任務，有助於達到心流狀態。運動時，可能每隔一段時間就會產生心流——這時候一切似乎都變得很容易，連時間都慢了下來。不過，每次都要安排實力剛好比你強上四％的對手，可能不太容易就是了。我們應該致力追求心流，但提升自己專注手邊任務的能力，對非心流狀態時的表現可能有幫助。我們也許不在心流狀態，但還是可以專注在任務上。

運動上的心理專注，指的是運動員專注在手邊任務與競技環境的能力，這個能力十分重要。運動員必須不斷解讀周遭資訊，才能在正確時間做出正確選擇。這不只是決策而已，還牽涉到必須盡可能收集最佳資訊，作為決策依據。因此，我們要選擇專注哪些自己的表現與對手的行為，就變得很重要。心理專注度可能會受內在或外在因素干擾。內在干擾比如一直想著上一球、下一球或比賽結果，疲勞，或內在注意力焦點等。外在干擾比如觀眾噪音、裁判執法失當，教練或對手對運動員吼叫等。

就像大部分事情，心理專注的能力也可藉由練習來提升。心理專注的能力愈強，愈能控制自己的思想和行為，達到心流狀態的機會也可望隨之提高。藉由專注在必須處理的任務或任務的部分，我們能夠投入到過程裡，心無旁騖。這讓我們在重大時刻能找到具體、實在的專注目標：也許是個計畫、決策提示或技能關鍵指令，總之是某個真實且有助提升表現的事物。產生了情緒反應，可以用理性的著眼點去因應，增加競技時刻的價值。正如知名的美國職棒大聯盟總教練梅登（Joe Madden）所說：「這過程中沒有恐懼。」心理專注幫助我們留在理性空間，阻止我們向邊緣漂流。

專注需要能量，而運動員也跟大家一樣，只擁有有限的能量。專注能力很重要，但要說我們整個競技過程中從頭到尾都要**全神貫注**，就有點不切實際了。在競技時刻我們必須集中注意力，但在球與球之間，可以退一步，也許喘口氣，然後下一球開始前，再重整旗鼓，把注意力放回來。雷維沙常與運動員談到跨進來（專注）和跨出去（放鬆一下以準備重新投入）的概念，高手對決時，只有這樣才能把專注力維持在高檔。需要長時間維持高度專注時，這種間歇、斷續的策略是唯一的選擇。

32 原書註：Mihaly Csikszentmihalyi, *Flow: The Psychology of Optimal Experience* (Harper Perennial Modern Classics, 2008)。

3

PART

成就

ACHIEVEMENT

Part 2探討了達成目標所需的技能習得與技能應用。但我們的工作不只這些，要取得重大成就，還有其他因素必須考量。在這個部分，我們會討論競技卓越過程中的其他要素，並說明如何讓這些要素交互作用，創造強有力的協同效應。

決定在競技場上討生活後，你很快會發現勝負間的差距有時真的很小。贏的感覺很好，但輸是競技的一部分，算是一種職業傷害。你執教的級別愈高，勝負差距就愈小。整個賽季和四年一度賽事的結果，就靠幾場關鍵比賽中幾個關鍵時刻的幾顆關鍵球來決定。為了讓自己在那些時刻有最佳勝率，從一開始就必須為這些時刻規畫和準備。接受競技的現實並以平常心看待，對於你與你的運動員以篤定的心情投入競技關鍵時刻極有幫助。這種時刻遲早一定會到來。在這樣的時刻必須從容應戰，要專注當下、控制自己，所有有助自己和／或球隊贏球的都必須去說去做，這些對競技成功至關重要。也許你夠好，也許你不夠好，但做到以上所說，起碼你會知道自己能做的都做了。

7 信任

通往競技卓越與成就的道路始於信任，信任讓高功能團隊得以發揮實力。信任的定義是，對某人或某物的可靠度、真實性、能力或優勢懷抱堅定的信心。比較棘手的一點是，信任的建立費時很長，卻可以毀於一旦，但即便如此，你還是非得成功建立信任不可。我認為信任的培養應該在以下三個方面。首先，選手必須學著信任自己。其次，從事團隊運動的選手，必須學著相信隊友。第三，選手必須能夠相信他們的教練。若在這三方面能建立起信任，學習的狀況會得到改善，競技能力也會有所提升。信任能提高達成成果目標的機會。

信任自己

信任自己要從相信自己的動機與目標開始。這真的是我想做的嗎？我真的想在這裡嗎？我願意為此投入必要的時間和力氣嗎？感覺你「就該在這裡」，做著你「就該做的事」很重要。這個世界難題夠多了，犯不著再自尋煩惱，懷疑自己為什麼要在這邊做這個。自我信任也與做一個值得信任的人有關。運動場外的性格往往左右了場內的性格。你是個言行合一的人嗎？對他人和對自己都是如此嗎？

再來，選手必須學著信任自己的基本技能。自己是否具備必要的技術效率？是否能以必要的執行水準將技術執行出來？然後，選手必須相信自己在競技時刻應用這些技能的能力。自己能判斷情勢嗎？能夠留意並處理正確的資訊，不僅在正確時刻能做出正確決定，並且能正確執行技能嗎？選手在場上競技時，需要確知自己具備成功的要件。沒人想只帶著「希望自己夠好」的期待就上場。

最後，選手是否能信任自己的情緒控制，是否能相信自己會專注在當下，會說出並做到得勝所需的一切？是否能不受上一球或下一球的影響，不被尖叫的球迷或嘴巴不乾淨的對手干擾？選手能否相信自己在勝負的關鍵時刻，能夠控制住自己、控制住自己的表現？腳踏實地的努力加上從失誤中學習，是建立自我信任的關鍵。就如伍登教練說的：「驕傲與自信的權利是努力掙來的。」動機、性格、技術能力和技術信心齊備之後，就能建立自我信任。

信任隊友

從事團隊運動的，沒人能靠單打獨鬥得勝，但有些選手卻只把隊友當做「我隊上的其他人」。說得客氣點，這是種畫地自限的態度，但確實點出錯失了團隊合作機會的事實。其實身為隊友負有重責大任，而且當團隊成員彼此信任時，能發揮相當的協同效用，將團隊從有功能（也就是大家會現身來練習）提升到高功能，即團隊具有清晰的目的和意圖，隊員間有真實的連結，進而產生最佳表現與成就。身為高功能團隊的一員是十分享受的事，一旦待過高功能團隊，知道團隊如何運作、連結和溝通，隊員們就會想再次體驗那種團結一心、有志一同的感受。他們會學到高功能團隊感覺起來、運作起來是什麼樣子，他們也能離開並打造自己的高功能團隊。這是一種不斷付出的天賦。

團隊的另一個機會點是隊員間的互動。很多選手入隊了，但對於行動和互動的界線在哪，卻沒有清楚的認識。在強調友情的團隊裡，可能發展出虛假的友誼，因為隊員感覺必須（或甚至受指示要）行禮如儀，做出帶有感情的動作。比賽暫停時相互擊掌或親熱地摟著對方肩頭的隊員，未必能發展出真誠的友誼，或團隊真正需要的信任。要建立信任，這些行為與互動必須是發自內心、自然而然的，不能要求或強加於人，必須出於對團隊及其成員真心的在意與關心。

依我的經驗，「工作」比起「玩耍」，更能建立並強化隊友間真誠的聯繫。不是說社交互動沒用，只是那不應該變成一種必需。真誠的聯繫能化為信任，而信任在個人或團隊達成目標的過程上，能起到事半功倍的效果。信任彼此間擁有共同目標、要達成重大成果，就意味這個團隊將毫無保留，帶著最大的努力與意圖，參與每次的練習與競技。也許隊員在團隊活動時間之外，私下並不想要見面，但這又何妨。與一般認知不同的是，團隊並非一個大家庭。家庭因為剪不斷的血緣義務，有時不得不接受、也必須包容功能失調的豬隊友。但高功能團隊裡都是優秀隊友，是靠自己努力贏得上場權利與隊友信任的人物。

搭建一個隊友行為與互動框架，有助於釐清與引導，替圍繞這些重要關係的期待設立分際。我常跟選手說：你們當隊友是一時的，要當朋友有一輩子的時間可以當。身為隊友，就擔負了重責大任，為了協助選手履行這些責任，我針對隊友行為訂立了以下原則：

• 要友善，但不要有做朋友的壓力

這不表示你們不能成為朋友，更不表示你不該跟隊友變成朋友。但話說回來，你不太可能在美式足球隊交到五十個好朋友，而交不到也沒什麼關係。假如期待的是友誼，那你只能得到虛幻的友誼，因為每個賽季要交到五十個好朋友是不可能的。不過你可以用友善的態度對待這五十個人。你可以用真誠而有益於團隊的方式來經營這些關係，這樣反而能帶來信任，以及未來發展的空間。其實你在隊上是可能交到朋友的，這裡強調「友善」的概念，只是免除掉硬要交朋友的壓力，而且假如你剛好不是很喜歡隊上的某人，你還是能成為對方很棒的隊友。

大家都喜歡被人喜歡，但若把這個當作經營關係（特別是團隊關係）的動力，代表你把定義自己的權利交給了別人。你行為的目的是取悅對方，因此他們對於你的期待就左右了你的行為。你應該用原本的面目讓人接受，而不是照別人想要你成為的樣子。因此，我認為以隊友來說，被尊敬比被喜歡重要。你不該為了隊上的別人努力，而要試著贏得他們的接受與認同。你應該與他們同心協力，一起成就一些事情。

另外，隊友有時會需要進行不太容易也不太舒服的對話。擔心被朋友評斷，或害怕傷到朋友的感情，有時反而會阻礙誠實而直接的溝通。隊友的身分讓你能帶著對團隊與對對方真誠的關心實話實說，不需要擔心波及到彼此的友誼。

• 接納所有隊友；只有一個很酷的小圈圈，叫做球隊！

如果你在一個團隊裡，你會希望這個團隊凝聚，不會希望它分裂。邀請隊友加入你的活動，彼此交流。他們願意加入，很好，不願意加入也沒問題，但永遠要伸出手邀請對方。

・尊重別人

對於隊友在球隊以外的生活，你應該多了解一些。他們喜歡什麼，不喜歡什麼，他們的家庭生活，來自哪裡，有什麼樣的經驗等。這些有助於你更了解這個人，也有助你對對方產生敬意與同理心。而一旦你對隊友場外的生活有更多了解，也會更能了解他們場上的行為。

・對球隊以及球隊裡的人忠誠

想發展信任，就必須忠誠。你效忠的對象應該是球隊和球隊裡的人。

・真誠地在乎並關心彼此

你也許不是隊裡所有人的好朋友，但你可以真誠地在乎並關心隊友。這些可是要助你達成成果目標的人。你應該在乎他們，因為你們的生命如今緊密相連。這個隊伍的組成就是這樣了。你會希望隊友幸福健康，因此要主動關心，必要時伸出援手、提供支持，這是幫助球隊也是幫助隊友。

・寬恕然後學習

隊友會犯錯。隊友犯了錯之後，我們必須寬恕他，從經驗中吸取教訓，然後繼續往前走。我並不主張寬恕然後忘記，因為這樣一來同樣的錯誤可能重演。寬恕，然後學習？這就對了。這是競技卓越的重要一環。但記住，你也是隊友。所以不僅對他人要「寬恕然後學習」，對自己也要能這樣。

・誠實而直接地溝通

誠實而直接的溝通不是要你盛氣凌人。溝通時應該帶著真誠的在乎與關心，但也要讓對方了解你到底要說什麼。務必確認你說的，與對方聽到或理解的一致，中間沒有模糊空間，因為那些空間會被對方自動腦補，結果就不是你想要傳達的訊息了。同時要為了理解而傾聽。人常常為了說而聽，但溝通不是要分勝負，而是為了分享資訊並相互理解。教練可以考慮訂立一條「已知悉」規則之類的，敦促隊員在接受到溝通訊息後要表示已收到，或者可以問該隊員一些問題，確定他已經了解訊息。

•贏得問責權

假使你在競技卓越的過程中身體力行，努力訓練、學習、競技，並且是優秀的隊友，那麼憑藉你行為的品質與一致性，你可以贏得問責的權利，要求其他隊友符合團隊的卓越標準。你不必是最佳球員，也不需要有最好的成績，只要你向來堅持把過程做到最好，對那些未履行自己對於團隊目標承諾的隊友，你可以，也應該帶著真誠的在乎與關心，和他們談談。

落實這些隊友「指導原則」有助於學習與成就，也能帶來樂趣與信任。你不需要言不由衷，又可以為團隊與隊友創造價值。我在訓練很初期就會向隊員表明，他們個人的進步就是球隊的進步，你好我們也會好。一旦選手把這個訊息內化，就能漸漸把進步及團隊導向行為視作雙贏，他們會知道自己每向卓越更靠近一步，就是向達成團隊的重大成果目標更近一步。正所謂水漲船高。

另一個重要團隊特質是無私地幫助隊友，這是非常振奮人心的行為。事實上，在運動上我們常說，真正了不起的選手會讓周圍的人都更好。我們很少教這個，也沒有給予什麼獎賞。但當隊上有個選手能夠凝聚團隊，並讓隊友的表現有所提升時，我們都覺得很棒。大部分人的目標都是成為「隊上最佳」球員，但其實成為「對隊上最佳」的球員，更有其價值與意義。無私，隨時準備透過自己的行動或透過支援隊友的行動，來為團隊增加價值，幫助團隊達成目標，是身為優秀隊友必備的素質。

史考特．陶金斯基（Scott Touzinsky）

二〇〇四年，史考特．陶金斯基前十字韌帶斷裂，醫生說他可能無法再打職業排球。四年後，他幫助美國隊在北京奧運奪金。史考特在二〇〇八年一月加入國家隊；奧運在八月。他加入晚，但很重要。史考特球技甚佳，但他身為隊友的價值，可與他身為第四主攻手（主攻手共有四人）的價值等量齊觀。他是奧運選手，也是金牌得主，即使在奧運賽場上的貢獻不比其他隊員，但在團隊的成就上他絕對是一股助力。

史考特，即使身為第四主攻手並不是特別重要的角色，你對二〇〇八年的美國隊仍有深遠的影響。在奧運金牌隊伍中，你不是鋒頭最健的明星球員，但你是金牌隊友。我們的成功裡，你扮演了重要角色。你的一舉一動對團隊都有深遠的正面影響。

史考特．陶金斯基▶對我而言，扮演什麼角色沒有那麼重要，光是能在隊上我就熱血沸騰了。當個第四主攻手，列在球員名單上，總比當第五主攻手蹲在家裡好，對吧？其實我從小到大都是這個樣子，跟我家庭教育有關。試著在每件事裡找到正面的意義。

二〇〇八年那場旅程，我真的為自己感到驕傲。前十字韌帶受傷時，我在國外打職業隊，受傷很快就挫光了我的銳氣。你給我機會，讓我跟美國隊一起訓練時，我真是精神大振！踏上國家隊訓練場館那一天，我就清楚知道自己的角色是什麼。你在職務說明裡也說得很清楚。

我覺得，球員必須知道的幾件大事之一，就是自己的角色。對我來說，我那時的想法是，**不管什麼角色我都得全力以赴，因為這可能是我的最後一次機會**。韌帶受傷以後，我連能不能繼續打球都不知道，所以能進國家隊，我是喜出望外。我就跟自己說：「嘿，我要卯足全力，要拿出最棒的態度，盡一切可能幫助球隊。」全心擁抱第四主攻手這個角色，賦予我更多力量，讓我發揮好的影響力，用超級正面的態度，想辦法幫助要上場的球員。

這一直都是你的真心話嗎，史考特？我是覺得，你一直都很真心誠意。

史考特·陶金斯基▶是，那就是我的感覺，我就是那麼想。能在隊上，而且除了場上的角色，其他還有我能幫上忙的地方，真的很開心也很驕傲。

你的態度很帶勁，令人耳目一新，又有感染力。突然間，大家對能不能得到自己想要的好像沒那麼在意了，變得更專注要達成團隊的目標。那是很大的改變。

史考特．陶金斯基▶我那時很熱中訂目標。我心想，在國家隊打球，我的目標是什麼？我的目標自始至終都是要做最好的隊友。韌帶受傷以後我讀了很多書，其中一本作者是隆巴迪（Vince Lombardi）的，那本書我讀了兩次，在講要怎麼做才能變成最頂尖的，其中有談到優秀隊友的條件。我跟自己說，**如果傷好了，我要做最佳隊友，因為球隊贏球要靠這個，冠軍隊伍也要靠這個**。問題就是誰要比大家都認真？誰要做那個最佳隊友？我加入國家隊時，已經認識其中好幾個隊員，這對我達成那個目標真的很有幫助，因為彼此間已經建立了關係和信任。

我覺得每一天我都必須努力贏得在隊上的立足之地。這種正面積極的心態讓我能撐下去，尤其在不順的時候。這個隊上所有人都是職業運動員，以前都是NCAA一級的大學選手，每個都是年度球員，都是全美明星隊一軍。我的意思是，人在那種地方很容易就會自慚形穢。所以我每次就問我自己，好，那我永遠可以帶給大家的是什麼？就是正面積極的態度。不是每個人每天都能接受這樣的正面積極，但終究這能幫助我們撐到下一天。每次練習後，我都問自己：「你有沒有努力練習？有當一個好隊友嗎？」

我知道我可能比所有人都認真，結果還是一樣沒沒無聞。但我覺得要擠進奧運選手名單，除了努力認真、當個優秀隊友之外，似乎沒有別的方法。我沒有什麼好失去的，而得到什麼都是賺到。

你一步一腳印，替球隊增加價值。

史考特．陶金斯基▶ 隊上的人也幫了我，他們鞭策我努力，讓我抱著自己也能做到的希望，我們是互相幫忙。萊利（薩蒙）常常督促我，每次我開車載他和湯姆（霍夫）去安那翰時，在車上他就會跟我說：「嘿兄弟，你要努力一點，要多傳點球。」不然就說：「今天你要發一百顆球給我，我也會發給你。」這些我還記得很清楚，好像昨天的事。奧運期間有些沒排比賽的日子，主要球員通常練習得不多，因為那是比賽之間的休息日，但你平常總是告訴我們，保持身心的投入狀態非常重要，這樣輪我們上場時，我們就已經準備好了。所以那些本來不會練太多球的球員也認真投入訓練，教練們在旁指導，大家還是一絲不苟地練習。感覺真的很棒，這向大家也向我們自己展示了，需要我們的時候，我們都準備好了。

不是只有上場的球員才是隊員。沒上場的、坐在板凳上的人，也能為球隊帶來很大的不同。這些人要不斷地支持並推動球隊。要一起參加奧運，我找不到比他們更好的夥伴了。我覺得我們做對了。贏球只是一個完美的句點而已。

能不能多聊聊在奧運身為隊友的種種？你有上場，時間不多，但整體來說你感覺如何，在整個過程中投入那麼多的心力？

史考特．陶金斯基▶你讓我上場的每場比賽我都盡了全力。金牌戰我沒有上場。很有趣的是，老是有人問我：「金牌戰沒上場，你會不會很不爽？」我的真心話是：不會。教練團知道我該在哪，也知道我什麼時候該在那兒。我們按部就班做自己該做的事。那場比賽我沒有上場，但我知道我有幫到大家。

還有什麼想補充的嗎？

史考特．陶金斯基▶排球的變數太多，是我這輩子遇過最不完美的運動項目之一。但還是有很大一部分是你可以控制的：你的態度，你的溝通，你的努力。如果在體育館練習的每一天你都能做到這些，你上場還是會失誤，沒錯，但你永遠能成功扮演好隊友的角色。

信任教練

兒少運動員常被教導要服從教練。背後的原因我了解，大部分兒少運動都滿混亂的，很像是把一群小貓趕到一起，因此需要清楚的引導與指令。然而，那樣的盲目信賴（這種信任，是直接授與而不是贏來的）有所託非人的風險，特別是孩子們被要求無論如何必須對教練唯命是從的狀況下。一個你應該要尊敬甚至崇敬的人，卻辜負你的信任、傷害你，而你被迫要服從，這會造成兒少運動員很多問題。這些問題若沒有適當解決，會潰爛化膿，也會對日後教練與選手間的關係產生負面影響。我帶過一些受過嚴重情緒創傷的選手，他們內心傷痕累累，惶恐不安，往往要花上幾個月甚至幾年的時間，才能在體育館裡覺得安全。但這段療傷止痛、重新投入與重建信任的時期，他們無法以應有的步調成長進步。

要發展教練與選手之間的信任，則教練的行動、意圖以及與選手互動的方式，都必須前後一致。你值得信任嗎？我不知道，這只有你自己知道，但要做個成功的教練，答案必須為是。信任的建立，也與這些因素有關：你的動機，你的人格，你對你帶的人真誠的在意與關心（因為他們不只是「選手」），還有你對你們運動項目重要的相關知識及資訊。運動專業知識除外，本書提到的以原則為依據的方法，優點在於不證自明及有效。以科學嚴謹驗證過的方法，比較容易得到選手的信任，使用這些方法的教練，進而也會受到信任。

羅伊・波爾（Lloy Ball）

羅伊・波爾身為美國國家排球隊成員有十五年資歷（從一九九三到二〇〇八年），參加過四屆奧運（一九九六年亞特蘭大奧運、二〇〇〇年雪梨奧運、二〇〇四年雅典奧運，以及二〇〇八年北京奧運）。

信任是我們工作關係上重要的一環。

羅伊・波爾▶是的，沒錯。剛開始打排球的時候，我第一個真正的教練是我老爸。之後的教練很難與我爸相提並論。我曾經覺得，要我像信任我爸那樣信任其他人，應該永遠不可能。怎麼可能像信任一個幫你包過尿布，還帶著你去小聯盟打球的人那樣信任其他人？老實說，我對之後的教練大概都抱著有點懷疑的態度。我爸吼我的時候，我知道原因不只是他想要我成為更好的排球選手，也因為他在乎我，愛我。不過之後隨著我一直往上打，我爸在區分教練與父親這兩個角色上，就做得很好了。

這一路上，加上進入國家隊之後，我也遇過其他優秀的教練，但我從沒有真正信任過他們。我很確定這是我自己的問題。身為球員的我，沒有全心接納他們，也從未真正信任他們。在運動領域，心智發展成熟的過程非常重要，但往往並不容易。對我來說，終於能在我爸之後信任一位教練，是我邁向成熟的一大步。

能不能聊聊我們決定找你回來時，你的感受？〔二〇〇四年奧運美國隊以第四名抱憾而歸後，已經參加過三屆奧運的羅伊離開了球隊。〕

羅伊．波爾▶雅典奧運確實留下一些遺憾，但我的國家隊生涯就在那裡畫下句點，其實我也能接受。我有老婆，還有兩個小朋友，我也三十五歲了。但你問我能不能回來時，我知道回來是正確的選擇，理由有兩個。第一，那時我的球技正處於生涯顛峰，對自己能力的信心也在最高檔的狀態。第二，你做了件之前沒人做過、以後也不會有人做的事：你來到一個國外的小鎮，跟我喝咖啡，跟我談為美國國家隊效力，還有那樣的願景。

說到建立信任！你遠道而來，花時間跟我相處，看我打球，聊未來的機會。你告訴我，我能如何幫助你和球隊達成目標。這是我們信任階梯上重要的一步。你飛了好幾千公里，來跟我喝一杯咖啡。你這麼做是對的，來與我分享向前行的願景，也顯示出你有多在乎。

你歸隊時，是隊上年紀最長的，隊上成員來自各種背景。你與其中幾位也有過一些過節，要重新融入、向奧運與獎牌前進，可能也有一些挑戰？

羅伊．波爾▶隊上就是一群二十歲後半到三十歲中段的傢伙，大家正邁入生命的第二階段，結婚生子，在這不好混的一行混飯吃、顧家計。我是第四度挑戰奧運，隊上有些第二次、第三次參加的，他們也沒拿過牌。委婉地說就是有一些情緒包袱。但這次感覺不一樣。以前的教練有時有點控制過頭，試圖經由特定路徑，導向特定結果。但這一次，你讓我們做自己。你沒有試圖把我們任何人變成別人或別的什麼。你沒把我們推向成果，你是把我們每個人都推向最好版本的自己。

你把我們置於某種連續性裡面，連續的成長，因此團隊能有高水準的表現。你向我們逐漸灌輸信任，假如我們需要拋出某個議題或抨擊某個問題，你會創造空間讓這件事得以實現。你容許我們做個大人；我們可以表達自己的意見，你著重的是如何讓我們把自己最優勢的特質發揮出來，而不是告訴我們你認為我們最優勢的特質是什麼，然後硬要我們接受。你不會說，「來，把他放在這個位置，然後把他塑造成我們覺得我們需要的樣子」——那種強迫的領導風格，硬要把四角形的木樁釘到圓形的洞裡去。你希望我們由內而外地成長進步。

沒當隊長對你是個很大的改變。這對你有什麼影響，對團隊又有什麼影響？

羅伊・波爾▶ 我每次都被選為隊長，所以有十年時間，在每場記者會上我都得回答問題，像是「你們為什麼會輸給某某隊？」之類的。雖然我自認堅強，但帶領國家隊帶了十年，球隊表現平平，說真的，回答這些問題變得很累人，很沉重，而且誰知道這對我拿起球的時候有多大影響？

所以能由另一位資深隊友接下這個職務，我真是鬆了口氣。說實話，當隊長很可能讓我無法完全發揮實力，為球隊建功。因為你對我的信任足夠，知道我沒當隊長了，你也沒大驚小怪，還是指揮若定，在必要時推我們一把。你的反應幫了我，也幫了球隊。

我想這對我們很有幫助。你不再是隊長，不代表你就不是領袖，這是肯定的。我們得到最好的你，你也依然是領袖，真正的領袖。感覺像是雙贏。

羅伊・波爾▶我參加的四次奧運真的都不太一樣，而且我指的不只是結果不同。最開始，我覺得大部分人都有根深柢固的觀念，覺得球隊要成功，所有隊員一定得當朋友。有時候我們因為顧忌友誼，該講的話會不敢講。之後有一屆是個別球員的體能表現特別優異，但隊員間彼此不太關心。到了戰鬥的時刻，這又是另一個問題。總算，到了二〇〇八年，我們在有點像朋友的程度上拿捏得恰到好處，彼此競爭，也夠成熟，在必要時能勇於挑戰對方。

二〇〇七年回到球隊時，我第一次覺得，這裡不再是十二個心中各有盤算的人，要想辦法合作去贏得什麼，而是只有一個共同的想法。顯然這是你在大家心中種下的。所有人都買你的帳，而且還爭相走告：「嘿，我們要信任這個人，因為感覺他可以幫我們弄到那個我們一直在講的東西。」以前我們容易被別的事物分心。這次卻不會。

8 輔導

我當教練有一段時間了，向來致力與帶領的選手建立信任的關係，但直到最近，我才真正看出這些關係的本質——輔導。新冠肺炎疫情帶來許多挑戰，其中一個巨大的變化，就是生病、檢測、隔離和失去至親好友等事成為生活的日常。社交互動有很大的改變，因而也導致一些心理上的變化。在疫情最嚴重的時候，我和手下職員每週會與運動員見面，主要只是聊聊。但就在這段期間，我漸漸明白，教練與選手間其實是導師與導生（或指導者與被指導者）的關係。

輔導可寬鬆定義為一份以信任為基礎的關係，能提供心理支持及相關重要知識與資訊的傳授。導師能發揮很大的影響力，相信大家都能想起生命中有一位教練或老師，曾經對自己產生深遠的正面影響。輔導是幫助被輔導者，是對被輔導者無私的投資；身為導師的你不是主角。之前說過，採取全面而整體的方法對運動員的發展很重要，而輔導是這過程中不可或缺的一環。

傳統的輔導是一對一，導師對導生；但輔導也可以是一位導師對一群導生。對個人運動項目的教練與選手而言，傳統輔導方式沒有問題。而對團體運動的教練與選手，我認為兩種方式都需要。你應該在個人層面與／或團體層面上與運動員產生連結，因為這些關係不僅能提供支持與知識，也能提供建立同理與信任的機會。

階級式的教練方法（我說「跳」，你就說「多高？」）已經漸漸式微了。專斷的教練方式無法建立真實可靠的關係，而達成目標需要這樣的關係。但教練也不能做濫好人。教練必須外柔內也柔（不是外柔內剛），帶著輔導過程中建立的真誠的在乎與關心，領導選手朝目標前進。

年紀較小的運動員大部分都很習慣階級式的教練方式。總教練總是四平八穩坐著，萬事都由他評定裁奪，而運動員也習慣了有人在他之上行使這樣的權力。因此，要建立導師與導生的關係，需要更花時間。建立信任需要時間，但有效且高效的輔導方法能使這過程變得比較容易。我們把指導原則用於推動技術的進步，因為這麼做有用。同樣地，為了提升輔導效果，我們也應該運用指導原則。

要發揮導師的功能，首先必須在理解與同理的基礎上，與選手建立真實可靠的關係。你要花時間了解你的選手，也讓他們對你多一點點了解。我說「一點點」，是因為你不是去跟他們做朋友的；你是他們的教練，你的工作是幫助這個人成為他能成為最好的樣子。同理與理解能幫助你做到這點。他們若願意把自己脆弱的一面與你分享，你對他們的希望與恐懼，對他們的過去與思維模式就可望有更深入的了解。

要讓這份真實可靠的關係逐步發展，就需要信任，而信任可以透過安全來建立。如果選手知道你不會把你們的談話洩漏給他人，也不會評斷他、背叛他，這些對話就是安全的。此外，在建立真實的關係時，注意你要為了理解而聽，不要為了說而聽。試圖在導師與導生間的對話占上風，並無助於建立信任。

另個讓所在空間更「安全」的方法，是把階級式教練與選手關係下的權力差距[1]，轉換為導師與導生關係下的權力差距，從而建立起更為人性的關係。同時，當教練真的不知道怎麼幫忙時，也要勇於承認，並確保會找到適當的人或社會服務介入。你不需要萬能，但當有問題或擔憂浮現，你必須幫助運動員找到適當的解決之道。

在導師會面時，我認為相對於運動員的面向，聚焦在發展「人」的面向更為重要。幫助選手發展人格，協助他們取得各種因應生命境況的工具與應對機制，而不是在此時大談策略或技術。發展運動場外的人格，將會形塑運動場上的人格。在這些會面時間，要展現支持與正面的態度，但不要作假。孩子很敏感，沒那麼好騙。要誠實，但也要了

1 譯註：power differential，指擔任幫助者角色的專業人士相對於被幫助者，自然享有較大權力與影響力的現象。

解，必須有真誠的樂觀、信念與正面態度。

團隊運動中，個人輔導時間與團體輔導時間，應該以你在隊上的責任為依歸。也就是說，你是試著要幫大家，但運動員必須了解也必須接受，導師與導生的關係並不會取代教練與選手的關係。教練不可能突然開始做出只對某個運動員最好的決策，因為教練的終極責任（事實上可說是義務），是做對全隊最有利的選擇。

會面頻率上，我認為可以讓被輔導者主導。每週一次或兩三週一次都可以。但是要帶著意圖會面，不要為了會面而會面。若沒有事情要討論，簡單聊兩句看看對方是否都好，就可以散會了。也可以取消會面。

外在因素也可能影響會面頻率——比如疫情。此外，你是教練，不是諮商師或治療師，要是會談中發現需要專業人士處理的問題，就把運動員轉介給該領域的專家。不要撈過界。你不能也不應該試圖解決所有人的所有問題。

教育學家布魯姆（Benjamin Bloom）也談到輔導在學習與專門技能上的重要性。布魯姆在一九八五年關於初始與最終能力的研究顯示，老師與教練的影響，及受試者與老師或教練間真實可靠的關係，對受試者的發展有重要影響：

這些年輕人一再提到老師的影響，他們對老師感到喜愛、欣賞與尊敬，也感受到老師〔對其專門領域〕的投入及致力於學生發展的努力。有幾位說，跟著缺乏上述特質的老師學習時，他們覺得自己「毫無進步」。[2]

建立穩固的導師與導生關係，在後者的發展與成就上至關重要。健康的導師與導生關係，能賦予教練真實的影響力，達成重大成就所需的改變與協同效應才可能發生。

教練必須輔導運動員，而我認為教練也應考慮輔導其他教練。就如之前提過的，教練的養成上欠缺強有力的學術路徑，因此由教練出來分享自己的知識，有助提升整體的教練品質。但大多數教練都惜言如金。他們不願分享資訊，因為擔心會失去競爭優勢，或者更糟的，擔心被別人看低。結果，教練工作可能變成一座孤島，完全失去在專業上成長的機會。大學教授能有學術休假，企業界人士也有類似安排，但教練並無任何這類機會。

我認為，我們應該重新評估傳統的「教練孤島」做法。知道與做到是兩碼事。我們不該害怕分享資訊，因為如何應用那些資訊才是最終關鍵，何況我們如果分享了什麼，而某人能以更有效的方法應用這個什麼，那我們下次就能學到這個更好的應用方法。教練工作和競技一樣，不一定要是零和遊戲。與其只顧著保護自己那塊餅，教練們應該考

2 作者註：Bloom, *Ibid*。

慮把餅做大。

紐西蘭橄欖球聯盟對教練職涯發展的看法與眾不同。首先，他們將教練的成長視為雙贏，因為教練的成長將能轉化為球員的成長。其次，在紐西蘭橄欖球運動協會[3]的教練文化中，輔導（教練）是必備的一環。正式或非正式的輔導會面定期進行。與布魯姆的研究結果一致，他們也得出「**誰**」似乎比「**什麼**」更重要的結論。也就是，志同道合所產生的協同效應，比給予資訊的本身效果大，因此選擇對的人擔任導師就很重要了。這些教練／導師的用途，是作為新想法提出時的測試板（檢測新想法或建議是否可行），對目前的思維提出挑戰，使教練在工作上更有效且高效。但教練輔導的目的，是督促多於討好或安撫。由於是以成長、蛻變為目標，導師不會迴避令人不舒服的對話。關鍵是要從體貼與同理出發，據實以告。導師並不只是當啦啦隊；他們是教練職涯發展過程中不可或缺的一部分。

除了教練輔導的深厚傳統，紐西蘭橄欖球運動協會每年也舉辦教練大會，參加的教練來自紐西蘭橄欖球賽事的三個主要級別——全國省際冠軍賽（NPC）；超級橄欖球聯賽（Super Rugby）；與紐西蘭國家隊「黑衫軍」。運協在大會籌備階段，會與這些聯盟的教練聯繫，主要是徵詢主題。比方說，您想多學一點的兩個領域是什麼？又，在這兩個領域中，您認為哪些人是專家？

教練們會面後，便進行正式與非正式討論。例如，黑衫軍教練可能會以非正式的方式，談論他們在國際球壇觀察到的最新趨勢。也會有正式報告——由不同教練擔任講者，講題是從前述三個團體的教練所提出的主題中篩選而來。這些教練平時常常打對台。他們彼此是競爭者，不只爭週末球賽的勝負，也爭奪橄欖球壇的其他教練職務。因此，這些人能就技能習得、比賽戰術、力量與體能訓練等主題，開誠布公分享自己的想法與觀念，真是很不容易。他們抱持開放的心態，在安全的空間分享；他們了解知識是一回事，應用又是另一回事。若你一直不肯踏出自己那座島，就沒機會認識其他地方。你永遠只知道本來就知道的，無法再學習你不知道的知識。

3 譯註：New Zealand Rugby，為紐西蘭橄欖球聯盟的管理機構。

9 競技卓越

競技卓越通常展現在兩個地方：第一，也是最顯而易見的，就在競技發生的時刻；第二，在通往競技時刻之前的計畫與準備。

競技

要從事運動，就得學會如何競技。有人贏，有人輸，這是競技的本質。競技當下與練習時刻，都是學習如何競技的絕佳機會。競技時，則是練習、計畫與準備的成果接受檢驗的時刻。你腳踏實地又努力得法，就是俗話說的萬事齊備只欠東風。但，到底競技的涵義是什麼？嗯，首先，你不必有那種灑狗血的故事，說從小有個孔武有力的哥哥，你怎麼打都打不贏他，於是造就你的「堅忍卓絕」和拚勁之類的。競技能力有許多不同表現方式，而且不需要有個欺負弱小的哥哥，也能學得起來。

我認為好好競技，就是在比賽戰況最激烈的時刻，依然能夠穩定地執行自己的任務。把自己從上一球中解放出來，且不能一直想著下一球的結果會如何。專注當下，把注意力放在這裡、現在，該怎麼做就怎麼做。也許需要智取，也許需要力敵。可能需要說些什麼或做些什麼。最重要的是在你需要發揮最佳狀態時，能把自己的最佳狀態發揮出來，那你就在競技之中。需不需要大吼一聲？還是搥胸？講垃圾話？其實，這都隨你。不過，常與競技聯想在一起的外在行為，有些人只會覺得很吵很野蠻。而你說了什麼其實不重要，重要的是你**做**了什麼。

二〇一八年，我受邀與黑衫軍的教練待上幾天。從一九〇三年起算，黑衫軍參加比賽的勝率為七十七%，為參加世界橄欖球賽的國家中最高。我有幸認識黑衫軍的隊職員，特別是當時的總教練史蒂夫．漢森（Steve Hansen）。在史蒂夫執掌總教練兵符期間（二〇一二年到二〇一九年），球隊勝率高達八十九%以上，可說是所向披靡。我們聊了很多，但有一次我問他，他最成功的戰役和那些未竟其功的經驗之間，他感覺差別在哪裡？他回答，成功的隊伍都有一種渴望，一種驅力，還有一種幾乎可稱為恐懼（fear）的情緒，恐懼自己可能不會成功。再進一步討論後，我們兩個都對fear（恐懼）這個詞不太滿意，因為不論在教練工作上或在團隊上，恐懼都不是你想要的。然後我們想到edge（緊張、不安；優勢）這個字。這就對了。參與這些成功戰役的球員，除了對成功的渴望，還有一種緊張感。我喜歡這個字，因為它一語雙關：球員帶著「緊張感」，以自身技能與能力的「優勢」進行訓練與競技。

然而這不安從何而來？結果我們兩人的經驗很類似，即過往的失敗，推動了未來的成功。曾與成功失之交臂的隊伍帶著傷痛，在下一次的競技機會出現時，他們的規畫、準備、執行，包括對細節的關注都會有所不同。這可說直接印證了米哈伊的正四%最佳心流條件。在本書前面我說過，「贏球可以掩蓋掉很多問題，」不但如此，贏球還會帶來自滿的心態。不是那種玩世不恭的自滿，而是缺乏經驗的自滿。沒有在重要時刻輸過，雖然概念上知道輸贏之間的差距很小，但並不真的明白究竟有多小，因為你還沒體會過輸球帶來的心痛與教訓。

我不是說你應該為了贏而輸，我說的是在某個時間點，這一切都必須變得很個人。想在自己的領域做出自己能達到的最好成績，想要有所成就，就需要那份緊張不安的感覺。你需要一個理由，讓自己投入鍛鍊、學習和競技，生命裡可以成就的事情那麼多，你需要一個理由說服自己把生命投注到眼前這件事。我們談過運動的真實成本和機會成本，這就是另一個例子。沒有這份在乎，沒有把你的頭腦和心都投入進來，恐怕難以成事。

有些人批評競技，說那是社會中的負面力量。美國教育學者柯恩（Alfie Kohn）在著作《不要比賽：反對競技的理由》（*No Contest: The Case Against Competition*）中主張，所有競技在本質上都對我們有害，因為競技的核心設想是，只有在另一個人付出代價時，一個人才能從競爭中得利。[4]他認為競技會製造壓力，讓我們的注意力從把事情做到最好轉移到要打敗對手，這樣反而損及我們的表現與生產力。他說競技還會使我們對對手產生敵意、偏見，做出錯誤的設想等。他斷言，競技會對參與者帶來負面心理後果，因為伴隨競技而來的是恐懼和不安全感，自尊降低，恐懼與不安全感升高（特別是在這個凡事都要與人比較的社會），最終會傷害自我價值感，導致受辱和羞恥感。

社會與行為科學博士席爾茲（David Shields）與妻子布列德梅爾（Brenda Bredemeier）合著的《真正的競技》（*True Competition*）中，對柯恩的說法提出批判。[5]競技的英文*competition*，源於拉丁文的*petere*，意為「致力於追求，」加上字首*com*，意為「與」。所以competition這個字的字根涵義就是「與…致力於尋求」。比賽是與對手一起致力於尋求卓越的機會，試圖迎戰並克服彼此在最大努力下提出的挑戰。

---

4 作者註：Alfie Kohn, *No Contest: The Case Against Competition* (Houghton Mifflin, 1992)。

5 原書註：David Light Shields and Brenda Light Bredemeier, *True Competition: A Guide to Pursuing Excellence in Sport and Society* (Human Kinetics, 2009).

不過，競技的結果，也就是輸／贏這檔事，讓事情複雜化了。許多人不再以最大努力與最佳過程為滿足，卻日漸執著於結果，於是導致了席爾茲與布列德梅爾所說的**反競技**（*decompetition*）。反競技是真正競技的相反；比賽的目標，從拿出最好表現與對手作君子之爭，變成不計一切代價、即使對對手不公平也要贏。偷搶拐騙不是競技。憤怒爭吵和詆毀貶低也不是競技。但道德羅盤變了方位，人們如今的追求從根本上就已經不同了，寧願損及對手也要追求自己的成功。於是競技成為二元對立的零和遊戲。大家是在比賽沒錯，但不是在進行真正的競技。因此，即使競技與反競技從比賽的結構上看似雷同，但推動兩者的價值是不同的，產生的結果也不一樣。

席爾茲與布列德梅爾主張，柯恩在書中提出的論證，大多是反競技的案例，那的確是人性的黑暗面，對社會並不健康也不正面。但，就如其他所有情況，我們有選擇權，只要主動選擇真正的競技，對社會的影響是極為正面的。真正的競技會讓人追求卓越，並得到深刻的滿足與喜悅。

我剛到美國的時候，必須學習如何競技。我在成長過程中，並不真的知道真正的競技長什麼樣子。我的父母都不從事競技運動，當時紐西蘭的文化也較崇尚協作而非競爭。此外，當時紐西蘭社會對成就的觀感植基於「高大罌粟花症候群」（tall poppy syndrome），也就是對高成就或成功的「高大罌粟花」們，應該要挫挫其銳氣的想法。意思就是不鼓勵大家鶴立雞群。因此，從當時我的眼中看來，競技比較接近反競技，而不是真正的競技。

在美國擔任球員與教練期間，我學到也見證到競技強而有力的正面效益。我認同席爾茲與布列德梅爾的主張，競技對於社會有純粹的正面效果，因為它教會我們如何追求卓越。教導運動員如何競技，讓他們更擅長競技，使他們更堅強、更有能力，也更投入。競技是位嚴格的老師，但它很誠實也很真實。我也認同柯恩的主張，不過我會建議他考慮用**反競技**這個詞來描述他的論證；因為他敘述的，確實就是那個概念的直接結果。

教導選手如何競技時，必須認知到他們在比賽過程中會經歷到競技與反競技。但是當反競技偷偷滲透進來時，他們有選擇權，一直都有。他們可以對反應產生反應，不讓反競技乘虛而入。

計畫與準備

對我而言，計畫與準備意味著盡可能管理你的運動項目中的變數，如競技級別和運動員年齡等。在細節中有力量。不管什麼級別，如何進行競技的計畫與準備都會影響到如何競技。追求競技卓越的過程充滿挑戰，運動員尤其辛苦。因此，我希望他們專注在訓練、學習和競技。如果經由我們的計畫與準備，可以讓過程順利一點，那我們義不容辭。

計畫就是替意圖行為（intended action）訂定架構的過程。之前討論過比賽計畫與練習計畫，但選手的訓練與恢復等方面也需要制定計畫。計畫應力求詳盡與周全。例如可以制定睡眠計畫，管理夜晚睡眠時間、小睡、時差調整，以及光照調整晝夜節律等。計畫也需要有彈性，因為競技環境的條件可能變動，當改變發生時，我們也應該要能權衡狀況並作出調整。交通、住宿、營養、補水，還有視覺化等，可以計畫的項目種類繁多。計畫能為過程帶來結構與規律，也可以建立信任。

準備是指為了未來某事件作好預備的過程。計畫是準備中重要的一環。對運動員來說，準備可能與競技時刻到來之前的種種有關，比如收拾行李，或確保自己睡眠充足等。也可能與競技時刻有關，如檢討比賽計畫，或執行賽中例行性動作等。

如富蘭克林（Benjamin Franklin）所言：「在準備上失敗，就準備失敗。」且由於競技時刻中有大量我們無法掌控的因素，因此準備並控制好我們能控制的部分就格外重要。

【訪談】

李奇・蘭伯恩（Rich Lambourne）

李奇・蘭伯恩於二〇〇〇年加入美國男排國家隊，他是自由球員，也就是主要專精接發球與後排防守的位置。李奇是二〇〇四年奧運的替補球員；二〇〇八年在奧運初登場中助美國隊奪得金牌。

以你在美國國家隊效力的經驗，談談你認為美國隊在競技卓越的努力上做得如何？

李奇・蘭伯恩▶這個嘛，我們很常競技，練習和比賽都是，所以我們就變得滿厲害的。這個團隊很酷的一點是，大家每天都想努力加進一點什麼，努力要變得好一點。你會給我們技術面或站位等的小提示，讓這個過程持續下去。你沒有用大量訊息轟炸我們，但我感覺我們收到很多資訊。大部分時候我們都有進步。

哪方面有進步？

李奇・蘭伯恩▶各方面吧，技能以及技能的執行，還有關於過程對上結果那類的。真的，在你來當教練之前，我根本沒聽過那些。那是我們這隊的註冊商標，致力追求過程。當然我們打了很多比賽，也在乎比賽結果，不過這個學習技能或提升技能水準的訓練過程，強化了我們對於使命、對於球隊的信心。我們應該有聚焦在過程上。

你經歷了整個過程，從二〇〇五年第一次練習到北京最後一場比賽。你看到球隊進步的經過。當然那不容易，但我們每天都努力要進步一點，並且把所學的一切在競技的時刻應用出來。你對那個有什麼想法？

李奇・蘭伯恩▶練習狀況很糟的情形並不多見。大家的狀況都滿穩定的。你做的一些事也幫助大家同心協力，比如我們的使命之類的。要得到我們在二〇〇八年的成果，在那之前有很多事必須要搞清楚。路上的阻礙不少，我們得做很多改變。

針對這方面能多談一點嗎？

李奇・蘭伯恩▶我那時的觀點可能跟一些人不太一樣。我跟你在楊百翰大學就合作過，然後你當了我們三年的助理教練，之後變成總教練。我對你有相當的信任。但你二〇〇五年接了總教練，讓我們坐在會議室擬定使命宣言，然後你唯一的要求就是開頭要寫「我們會在北京贏得金牌」。那時候每個人，包括我，都覺得那很可笑，因為感覺我們八字都沒一撇。

二〇〇五年球隊的表現不錯，但二〇〇六年就開始有點掉漆了。我對你的信心沒有動搖，但顯然有些隊友不是這麼想的。不過我們撐過去了。我們繼續練習，維持在航道上。我們是這個過程的主人，也從這學到東西。要是對人不說實話，什麼也改變不了。大家都說你好棒，不是你的錯，這樣當然容易多了。你知道嗎？你就覺得自己真的好棒，你真正需要聽的卻沒人告訴你，「你的弱點在這邊」——這種話沒人想聽。但要成就一個具有競爭力的隊伍，就需要說實話，這樣才能找出弱點，在場上也才能成為隊員間具有真正連結的團隊。

我印象最深刻的就是你堅定不移的態度，那是推動我們改變的動力，你堅持我們要走在使命宣言大會上訂出的那條路上。你有勇氣直接面對隊上幾個大咖，因為你深信自己知道正確的路，最後得到了全隊的支持。而那對我們的成功幫助很大。

練習時最需要注意的點是哪些？

李奇・蘭伯恩　要練得聰明一點，不是練久一點。練習的質比量重要。不是說「嘿，今天場地訂了三小時，所以練滿一百八十分鐘吧。我有碼錶，在這。」而是「這是今天要作的六項練習。但如果到了第四項，大家表現特別好、進度超前，我們就提前收工。」知道不管時間到了沒有，只要全力以赴就可能得到提早放假的獎賞，這就是重視質甚於量。

還有，大家都覺得，練習其實並不比上場比賽輕鬆，甚至更辛苦。隊友間彼此競爭，每天都在戰鬥。因為大家都旗鼓相當，所以戰況往往十分激烈。

但能夠在競爭中全力以赴，與對方一較高下，是一種樂趣。這讓我們上場比賽時也能帶著相當的自信。對上巴西、俄羅斯等頂尖球隊的時候，因為是重要比賽，難免緊張，但到最後總覺得情況都在自己掌控之中。從我們的訓練中培養出來的技巧與態度，讓我們幾乎該贏的比賽都能贏。我們的表現很穩定。事實上，有些人跟我說過，如果只看我們的臉或者看我們打球的樣子，根本看不出比分狀況，看不出我們是領先還是落後。我覺得那是很不錯的恭維。

我們也發展出良好的協同效應。我們學會如何一起打球，在四年的期間中很努力才學到這些。這一路上場內場外要做不少斬妖除魔的事，不過我們做到了，我們留在你心目中理想的道路上，我們也贏了。我們達成了初衷。

關於計畫與準備呢？有什麼想法嗎？

李奇．蘭伯恩▶這方面我接觸不多。感覺你好像想幫我們擋掉這些事，好讓我們全心專注在競技上。感覺你們把一切都打理得很妥當。比賽計畫很扎實，練習一定先計畫過，整趟旅途也規畫得很順暢。我們那時的感覺是成竹在胸，沒有留下太多交給機會決定的東西。

10 文化

追求卓越過程中的另一個挑戰是文化的建立，這個文化必須能作為我們努力與堅持的後盾，支持我們達到重大的成就。文化代表一群人的行為與常規，其內涵包括知識、信念、認同等，但除了這些字典上查得到的意涵，文化指的其實是這些詞彙被實踐的方式。理想上，在文化夠強的時候，言行之間的差距應該很小。

跟團隊討論文化時，我會建議用以下的測試方法來評估團隊文化的強度。你和隊上另一個人分別寫下自己認為你們團隊的文化基礎是什麼。要盡可能詳述，比如基本的信條是哪些，隊員如何實踐和表現這些信條等。寫完後比較你們寫的。若你們敘述的文化與支援這些文化的行為很相近，我會認為你們的文化定義清楚，強度也夠。若你們的描述有所差異，代表也許還有進步空間。最後，如果你是這項工作的領導者，就要知道自己動見觀瞻。你對目標與任務的實踐，要做得比任何人都好。

若文化的重要性更甚於策略，那麼這兩方面能夠兼顧是最好。我發現，團隊的目標與支持目標的行為，對團隊文化有很大的影響。因此，必須找出團隊真正想要的成果，並依據原則，擬定達成該成果的路徑。由於目標和團隊之間的連結非常重要，所以在目標設定的過程中，我們希望每個參與其中的人都能發聲。只要能在成果目標與努力鍛鍊以達成這個目標的人之間建立連結，便能提高隊員的投入程度，也能建立團隊認同，強化信念。

每個團隊中都有不同的個人追求，要滿足所有這些追求是不太可能的。有人想要很多練習時間；有人想創得分紀錄；有人想贏得冠軍賽。重要的是，團隊的計畫和團隊的目標，必須得到所有人的支持，才能成就卓越的團隊。選手必須將團隊計畫置於個人計畫之前，無私地追求團隊的優勢。倒不是說團隊計畫一定跟個人計畫互相衝突，只是「我們的」在「你的」之前——這個優先次序必須清楚。例如，致力於追求卓越，就比執著於贏得冠軍賽或個人獎項，讓你更有機會成為冠軍團隊的一員，而由於這樣的堅持與團隊的成功，才能拿下大家渴望的榮耀。不要讓你對事物的想望，阻擋了你要得到它所該做的事。同時不要忘記，只要在金牌隊伍上，即使上場不多，依然是奧運金牌球員。沒有人會問你你得了幾分，或你上場時間有多少；大家都只想瞧瞧你的獎牌。

接下來的問題就是，誰能進得了這個隊伍？誰能贏得追求重大成就的機會？身為教練，你需要一些運動員和一些人來幫你。但要如何選擇團隊成員？如何招募工作人員？

成員的選擇很重要。第一步應該先把最佳運動員／球員選進來。要贏得賽馬不能用驢子，得用上一些純種馬，而且你選進隊裡的球員素質愈好，你也會成為更好的教練。總之說真的，選進來的人真的很重要。

公布奧運陣容的那一天，對球員來說相當煎熬。有些教練可能會說他們內心也十分煎熬，但公布名單的隔天，他們還是照樣來上班，其畢生的夢想也沒有在前一天破滅。能代表國家出賽奧運的室內排球運動員共有十二位，對這十二位而言，不論是首度或再次擔任奧運選手，這天都是值得細細回味的一天。

球員名單上的前八到九位應該是最強卡司，是各位置最優秀的球員。後面的三位到四位，選擇上較有挑戰性。我從經驗裡發現，挑選十二位最強的球員會是個錯誤。全明星陣容往往伴隨著全明星的自負，團隊中競爭常常多於合作。前面八到九位擇定之後，接下來就應該按角色和個性來選。舉例來說，（技術上）次佳的舉球員，也許並非（角色上）次佳的舉球人選。換句話說，你需要的球員非但球技上要達到很高水準，並且要能夠支撐團隊，支撐在他前面的球員。這些選手有可能不能上場，但仍然盡力把自己能說能做的做好，幫助球隊。球員在技術、自我、無私與真正創造價值的關係之間，必須有良好的平衡。我們要做的是花四年時間，希望在兩週中能有好的表現，在最後兩小時能有卓越的發揮。所以需要那些即使自己的奧運理想與夢想沒有實現，依然無怨無悔支持球隊的人。

對一支球隊的成功來說，依據角色選人跟依據能力選人同樣重要，這裡要談到角色的清晰度。務必使每個人都清楚自己的責任為何，以及這個責任與達成成果目標如何相關，能增加什麼價值。選手必須感受到自己與球隊的任務有關，即使產生關連的方式不在他們預想之中。與球員溝通你的期待為何，並尋求對方同意，不只要讚許他們身為運動員的好表現，也要因他們身為隊友的好表現稱讚他們，這有助強化他們的角色及他們對團隊的重要性。團隊裡有些最重要的人，在場上的戲份並不吃重，但對於場上的動態卻產生深遠的影響。要幫助你的隊伍，有太多能說能做的事了。

另一個有助於提升角色清晰度及接受度的機制，是使用**今天**這個詞。務必確定選手聽到並理解這是他們今天的角色。由於自身的努力、傷病的情況或戰術調整等許多原因，他們明天可能要擔任另一個角色，他們要有這種心理準備。跟選手說「這是你的角色，**就這樣**」，聽起來像你已經做了具體不可逆的決定；「這是你今天的角色」，這樣的講法不但正確，也有助選手更能感受到與團隊及目標的連結。

即使大家都清楚自己的角色也願意投入，還是會有問題。每個人都有包袱，只是有些人行李箱比別人大；每個人多少都有掙扎的時候。偶發的壞行為是一回事，但若導致團隊出現功能障礙的程度就不能放任不管。對此，我的因應之道是所謂的「一個半法則」。你必須保護團隊的選手和文化，要做到這點，與團隊文化不契合的人數，在任何時間點都應該控制在一個半以下。特別厲害的球員可以算上「一個」，而那「半個」也許今天是我，明天是你，大家多少都有諸事不順的時候。不過，一旦背離團隊目標的人數達到兩個，就可能形成小圈圈，他們會開始影響別人，拉幫結派，以強化並合理化自己的行為。發展到這地步就麻煩了。行為守則第一條：願打願挨，你願挨就活該。除非某人實在天賦異稟，其球技與天分替球隊增加的價值，超過其行為態度的負面影響，那你才必須考慮留著他。但只要你能導正這個人，或是能把他換掉，就不應該再容忍他了。

你也必須聘用或挑選幫你的工作人員。你應該盡可能讓最好的人在你身邊。除了相關知識與經驗，我徵人時主要看三件事。第一是工作能力，必須要耐磨耐操。第二，我需要一種特定形式的忠誠。不是要盲目效忠，而是閉門會議時私下可能不同意我們的某些做法，但只要已經作成決定，就會公開支持的那種忠誠。第三，我需要彼此在原則上的立場一致；大家應該對球隊的指導原則達成共識。對於原則如何應用可以有不同意見，但若雙方對我們住在地球上、受到物理定律規範的事實無法達成共識，恐怕很難合作愉快。我不需要定協議書什麼的，因為如果彼此想法接近，事情都會很容易解決，不過基本立場一致是必要的。

通常在招募、挑選隊員時，我們會看個人表現的歷史資料，作為選人的主要評估標準。先不說我們收進來的隊員球技水準有沒有競爭對手高，即使有，我都認為選人時看潛力跟看表現一樣重要。這個人有學習與改變的能力嗎？和其他人的搭配好不好？從這個人在其他球隊裡的樣子，能看出他在我們球隊裡會成為怎樣的選手嗎？這人是低自我、高產出的類型，他準備好要把團隊目標放在個人目標之前了嗎？他會不會努力成為他能夠成為的最好的樣子，是不是也能幫助別人做到這件事？

不但與下屬要立場一致，跟上司也要就彼此的工作關係達成默契。我會問我的直屬長官：你會比較希望我替你工作，還是我跟你一起工作？這問題的答案，會決定彼此日後工作上的關係。若我替你工作，就是一個垂直整合度較高的組織結構，就溝通方式來講會比較受限，至少就我而言是如此。在職業關係上也會有一些界線。不是說這樣不好，只是如果是這樣，一開始就知道會比較好。若主管的風格是想與你一起工作，你就有機會與他們建立比較真實的連結。隨著他們與你和你的團隊合作得更為密切，通常會創造更多協同效應，資訊流動將更為順暢，策略與資源配置方面會有更多建設性的對話，問題解決能力也會更強。

還有一點很重要，要問問你的主管，他對你帶領的球隊期望是什麼。要是他腦子裡想說你應該每年都要贏得國家冠軍賽，而你想的是球隊勝率能突破五成就不錯了，那你就得想辦法解決雙方期望的差距。此外，若他們嘴巴說「國家冠軍賽」，但實際上並沒有提供國家冠軍賽規格的資源，那你們又有另一個需要討論解決的地方。你必須讓主管知道，針對這個期望，你對球隊的目標和願景是什麼，確保雙方都覺得合適。再來就要確保你能得到足夠的支持，讓期望得以實現。

我認為與下屬保持直接而誠實的溝通很重要，而要做到這點，需要定期舉行工作會議。我向來努力藉由工作會議，讓球隊各個主要關係方能互通有無。我希望大家都來開會：肌力與體能訓練、運動醫學、籌備與後勤，還有公關人員。我希望所有人都來，因為這樣大家都可以知道別人在做什麼，有哪些問題和擔憂，或是有哪些做得很好的部分。工作會議是一個安全互信的空間。當大家都「知道內情」，有時會激盪出火花，在策略上立場一致，整個團隊向外發送的訊息也能一致，進而強化團隊文化，建立信任。

如果不同職務各自為政，團隊內部就會形成各自孤立的單位，溝通上出現空隙，而這些空隙會被許多假設填補，很多可能就背離了事實。我認為單位各自孤立可能導致多頭馬車，這對團隊而言效率和效度都會有所折損。

【訪談】

萊安．米勒（Ryan Millar）

萊安．米勒是室內排球三居奧運選手（二〇〇〇、二〇〇四與二〇〇八年），也是NCAA國家冠軍。他幫助美國隊在北京奪得金牌。

能不能與我們聊聊二〇〇八奧運隊伍的文化？它經歷怎樣的演變過程？

萊安．米勒▶由於我目前在領導力和文化管理領域任職，所以我真的很喜歡這類話題。我覺得人在為了使命或存在意義而努力時，是最拚命的。在我們為贏得奧運準備的這四年期間，我想你最大的貢獻，就是你真的把我們和我們為什麼會在那裡的意義連結起來了。

之前，我們從來沒有過關於自己的目的究竟為何的談話。好像連想都沒想過這些事。我們大概就覺得，**對啊，我們滿厲害的。所以上場好好打吧，大部分時候我們都會贏**。但這種想法並不是特別能號召起大家的熱情。你讓我們與某個更大的東西產生連結，某個大家都希望達成的東西。

你覺得這個讓大家團結一致的主題，有助於提升學習狀況嗎？有讓教學和練習的效果更好嗎？有沒有讓大家比較願意改變？

萊安．米勒▶有，我想絕對有。當你啟動那個團結一心的過程，我想你看得出來隊員都願意坦然承認，承認我們當時還不是世界上最佳隊伍，我們不是最強的，身高也不是最高的。所以我們必須找出自己的強項可能在哪裡，然後努力讓它變得更強。所以當步驟擬定之後，就覺得，**嗯，好喔，現在可以照我們想的來做看看。**

所以隊上的文化感覺怎麼樣？可以描述一下嗎？

萊安．米勒▶成功會帶來更多成功。四年中的頭一年感覺還滿順利，不過有時候起伏也很大。我覺得大家的想法真正起了變化，是從我們開始真正理解到我們的隊伍確實夠好、確實能夠達成我們設定的成果那時候開始。文化其實不脫人的思考方式，對嗎？是關於我們為什麼會在那裡做那件事。對於一群備戰奧運、希望抱回金牌的人來說，要有正確的思考方式，文化就很重要，因為文化真的能促使你想要的行為和結果發生。也就是你腦中的信念，會引導你採取的行動。

我覺得你在這方面做得真的很好，讓大家想法一致圍繞著目標，這表現在我們每天的練習中，在重訓室和與運動防護員的訓練裡。這讓我們的身心都處於正確的軌道上，相信自己每天都可以有最高水準的表現。多虧了教練群的努力，還有我們整個團隊的配合，大家都十分虛心受教。

那比賽的時候呢？

萊安．米勒▶比賽時我們很冷靜。情緒當然會有，但都在控制之中。練習時對戰經驗太多了，所以比賽時沒問題。像是暫停時間之類大家需要重新調整的時候，你和其他教練都做得很好，你們會用最前段的時間讓我們稍微冷卻一下，因為比賽相當激烈，可能心情有點激動。等我們平靜下來，有機會喘口氣之後，你們就會立刻提出一到兩件我們回到場上立刻可以做、對戰局可能發生影響的事。

比賽時，我們隊員之間在場上也有很多像那樣的溝通。我們會講一下計畫，還有要做什麼調整之類的，幫助彼此脫離困境。我們講話比喊叫多，你知道嗎？我們會互相打氣，也試著為下一球做準備。那不只是發出噪音而已。即便比分落後，我們還是維持一樣的模式。拿下發球權，再得個幾分，我們又能迎頭趕上了。

如果要用一個詞形容這支隊伍，你會怎麼說？

萊安．米勒▸喔天啊。我會說「超棒。」一想到那支隊伍，腦子裡只有超棒兩個字。那支球隊很出眾，也許是文化的關係，但我們打出自己的排球風格。我們沒有試著成為自己之外的任何人。感覺很真，你知道嗎？

是，我同意。對我們的隊伍和球員，我們用對了方法。關於這支球隊在文化上，還有什麼要補充的嗎？

萊安．米勒▸你知道，我們並不是最好的朋友。那時候不是，現在也依然不是。我們一同經歷了這段不可思議的旅程，這就是我們之間的連結。我覺得比較特別的是：只要一上場，隊友間彼此的信任，還有對球隊無比的信任就在那裡，這是經年累月培養建立起來的。我想那已經到了一個境界，個性脾氣生活方式什麼的都無所謂了，沒有人在意那些，因為只要我們踏上球場，就知道自己該做什麼。而且我們也知道，時候到了大家一定會相互支援，因為我們都在這條船上，朝著大家共同的目標前進。投入和連結的真正價值就在這裡，當所有人一起朝同個方向前進，他們來自哪裡、對生活有什麼看法，這些都不重要了。上了場，就要認真幹活。我覺得這種心態超棒的。

衝突解決方面呢，你有什麼想法？因為那是文化的一個重要面向。對於衝突我們會尋求解決，還是息事寧人、眼不見為淨？

萊安・米勒▶ 我記得有不少次隊員間有些爭執，還是球隊裡有什麼問題之類的。但我覺得你幫我們建立了很好的衝突處理機制，因為衝突會發生，而我們也不會迴避。你試著給我們解決問題的工具，也建立了領導機制來幫忙。你知道我在說什麼嗎？湯姆（球隊隊長）真的很厲害。他很會提醒大家我們在那裡是為了什麼，他會告訴我們，我們在追求的目標比我們之間的意見不合重要得多了，不管是怎樣的意見不合。大家會認為有問題就應該直接面對，你知道，有問題你就跟對方看看要怎麼解決，而不是去跟別人講，或隱忍不發讓問題放著發爛。把問題解決然後繼續前進。

還有什麼要補充的嗎？

萊安・米勒▼這個團隊的文化很強，很有韌性。我們能夠處理棘手的問題，安度逆境，這就顯示了球隊文化的力量。那是個很特別的團隊，一段很特別的時光。要贏得金牌不是容易的事。

11 心理、身體與社會層面注意事項

你可以看到，競技卓越的過程有眾多面向，所以我們採用的方法應該也要是多面向的。要對表現的所有組成部分有所了解，才能有更好的整體表現。此過程的許多部分先前已經詳細探討過，還有一些部分需要補充。

身體層面的注意事項

關於如何進行技能的習得與應用，才能使達成成果目標的機會極大化，前面已經詳細說明過。這裡則要提出在身體的準備上，應該注意的其他事項。

睡眠

睡眠對於整體健康與身心良好狀態十分重要。每個人都需要睡眠才能恢復體力，維持隔天的良好運作。除了修復，睡眠對免疫與心血管系統的順暢運作也是必需的，這讓我們能保持健康。除了身體上的益處，睡眠對於心理狀態也有好處。認知機能要完全發揮，就不能缺少睡眠。之前探討過疲勞引起的表現下滑和學習能力減退。睡眠不足也可能對反應時間等其他身體因素產生負面影響，並增加受傷的風險。

睡眠管理策略可能因人而異。要教導運動員睡眠的重要，以及如何安排自己和環境才能得到最好的睡眠狀況。把能力和權力交給運動員，讓他們學會規畫並對自己的睡眠負起責任，這對他們日後的選手生涯會有很大的幫助。

睡眠充足時，心情也會好，對於心理健康與整體幸福感有正面影響。因此，有機會打個小盹其實沒什麼不好。獲得充足的睡眠事實上能提高你獲勝的機會。

營養

要做一個運動員，能量補給也要像個運動員。你展現出來的能力，有賴於肌力、耐力和認知能力等身體和心理技能，而這些都會受你獲取能量的方式所影響。運動員跟大家一樣，都需要蔬菜、水果、碳水化合物、脂肪，和蛋白質。他們需要優質的營養來源，以提供充足卡路里，供應競技的能量需求，也需要維持身體機能所必須的維生素與礦物質。

運動營養包含能量補給、補水與恢復等層面。因為年齡、身高、體重以及運動項目的需求不同，每個運動員在這些層面的需求也不一樣。能量補給涵蓋的是攝取的食物種類，以及攝取這些食物的時機。碳水化合物、脂肪與蛋白質的組合與份量，練習前與練習後的攝取，都可加以規畫，目標是得到最佳的表現。不過大致上要注意的是需要補回當天所燃燒掉的卡路里。

要達到最佳運動表現，補水是重要一環，但同樣的，依運動項目與選手個人條件不同，需要的補水量和頻率也有差異。人體中將近六成由水分組成，而體能活動時因為流汗會失去部分水分。喝水是重新補充水分最好的方法。

對短時間（一小時以下）的比賽項目而言，白開水就能補足因流汗失去的水分。但對持續時間較長的運動項目，水與運動飲料的組合可能更理想。這樣的組合通常是以鹽與糖的形式，提供電解質與碳水化合物。不過，許多運動飲料的成分，是依口味而非營養需求設計。這類產品中可能含有大量的糖，因此完全仰賴運動飲料，可能並非最佳的補水策略。

補水應該在一整天的時間中都要進行，特別在訓練與競技期間更是如此。體能活動中攝取的液體，對補充身體水分的幫助不大，因此在訓練與競技前埔充足量的水分就很重要了。大原則就是，若你感覺口渴，其實身體就已經處於脫水狀態了。因此務必在賽前充分補水，否則上場時你很可能處於生理上的劣勢。

咖啡因攝取也要留意。運動員和我們大家一樣，可能接觸到含有大量咖啡因的飲料。在訓練或競技前後飲用這類飲料要特別當心。其中包含的糖與咖啡因，可能導致運動員突然感覺十分疲勞，也可能抑制飢餓感，導致運動員能量補給不足。尤其對兒少運動員來說，咖啡因飲品可能造成場上發揮不盡理想。

透過飲食來幫助恢復，意味你要藉由攝取營養，在訓練或競技後達到最佳修復。與能量補給一樣，運動後的營養也要依據運動員與運動項目所需來調整。巧克力牛奶是很便利的恢復食品。許多營養師建議運動後飲用巧克力牛奶，因為牛奶中的蛋白質有助肌肉恢復，其中的糖也能被快速吸收，用來補充肌肉肝醣（muscle glycogen）。

除了教導運動員食物相關知識，我們也應該教他們如何購買及烹調食物。大家可能以為運動員一定知道怎麼做，但事實上很多運動員一直忙於訓練或競技，對煮食方面一竅不通。學校的營養教育主要偏向理論，教導我們應該攝取的食物種類與份量；實務操作方面就需要由我們補足。

規畫健康營養的餐食很重要。俗話說「人如其食」（You are what you eat.），優質營養的食物與優良的體能表現之間確實有關連。學著挑選食物，購買新鮮耐放的蔬果，閱讀食品標籤，也學著在預算內採買，這些都是實用有價值的技能。

我們得教運動員烹飪。他們不需要會料理法式橙汁鴨胸，但不能只會烤吐司跟煮泡麵。幫助運動員學習怎麼樣找到美味的食譜，怎樣按食譜烹調出美味的食物，這是很重要的。比如蔬菜切忌過度烹調，以免營養素流失，就是一個很實用的技巧。學習烹飪的另一好處是，烹調得宜的食物吃起來美味可口，比起煮得不好的食物，能吃下更大的份量。

我們明白運動員時間壓力較大。食物的準備和烹調要花時間，而市面上可以買到一些營養補充食品包，由高品質的材料做成，也具適當的營養價值，可稍微減輕忙碌的運動員在能量補給上的負擔。但這些產品的使用應作為額外的能量補給，而非用來代替正餐。

呼吸

關於呼吸本書談了不少，這是應該的，因為呼吸很重要。但弄清楚我們如何呼吸很重要。深吸一口氣到底，再吐一口氣到底的呼吸方式，對身心都有益處。除了有利氧氣與二氧化碳的輸送與排出，深呼吸還能提升睡眠品質，改善消化與身體的免疫反應，並減低壓力。深呼吸能使心智清明，在情緒與行為之間創造一個餘裕，這是很重要的。深深地呼吸，讓氧氣輸送到全身與腦部，這對你有好處。

訓練

為了應付練習與競技的需要，我們必須做體能訓練。肌力、耐力（包括肌耐力與心肺耐力）、速度、敏捷度與爆發力在運動中都會用上。這些能力的開發與增強，能讓我們的表現維持在高檔較長的時間，運動後的恢復也比較快。

在體能準備與訓練上的S.A.I.D.原則，指的是「特定適應性原則」（specific adaptations to imposed demands）。簡單說，對身體施加壓力時，身體會作出反應，準備好當該壓力源再次出現時能夠因應。因此，決定體能訓練的項目內容時，必須考慮你所從事運動的需求、該運動中不同位置的需求，以及個人需求（比如我的速度天生較快或較慢等）。

運動員的發展中，體能訓練這部分的成功有幾個條件。第一是要持續進行，第二要適合運動員的訓練歷史，最後，訓練內容應該隨著運動員的成長發展而調整改變。比方說，初學階段的運動員，可以從熟悉一般運動模式開始，比如深蹲和不負重箭步蹲等。熟悉了這些運動模式之後，可以漸漸增加負重到這些動作裡。

肌力訓練對任何運動員都很重要，肌力是爆發力、速度與肌耐力等能力的構成要素。不過，基本肌力鍛鍊完成後，再往上增加的肌力，在運動表現的移轉率會呈現遞減，因為運動的動作發生速度很快。因此，當運動員已經熟練基本肌力動作，也具備其運動所需的足夠肌力水準時，就應該仔細評估與其運動表現最高度相關的性質是哪些，訓練計畫必須能反映對這些性質的著重。

運動醫學

能取得合格運動醫學專業人員的協助是必要的。運動員會生病、受傷，會需要專業處置。若運動員受傷的情況不需要緊急醫療（有這種狀況務必要找醫生），通常會有初步處理這個狀況的有效策略。

運動傷害的緊急處理P.R.I.C.E.原則，是指保護（protection）、休息（rest）、冰敷（ice）、加壓（compression）與抬高（elevation）。這些處置對於許多肌肉骨骼傷害都很有效，藉由夾板固定、繃帶包紮，與／或調整活動內容，來保護傷處，避免造成進一步傷害。頭幾天應讓受傷部位休息，視受傷部位與嚴重程度，需要的休息時間可能不同。一般而言，每二到三小時，冰敷十五至二十分鐘。須留意冰敷可能造成皮膚受傷與循環不良等負面影響。有開放性傷口就不適合冰敷，在神經接近表皮的部位（如手肘）使用冰敷要加倍小心。加壓的目的是控制腫脹與動作限制。將受傷部位抬高，應高於心臟位置，以利傷處的循環並減少腫脹。請注意，這些處置建議不能替代受過訓練的醫療專業人員的醫療建議或指示。

體育訓練與競技可能造成各種身體與心理上的影響。你的身體狀況不見得總是很理想，尤其在高強度的體能活動期間。疼痛是複雜的過程，對不同人的意義也可能不同；然而，疼痛也是身體溝通的方式。要區分疼痛與不適並不容易。我們應該教導運動員，有疼痛狀況時要表達，並接受合宜的治療與處置。關於運動傷害與修復過程的教育，有助於運動員區分疼痛與不適，並更了解自己的能力與限制。

恢復

近幾年來運動員恢復的領域相當受到關注。有效的恢復策略已經證明能夠消除運動帶來的生理與心理影響，比如疲勞或肌肉痠痛等。執行這些修復性的恢復程序，讓運動員能夠以適當的力量、強度與執行度再次進行訓練或競技。恢復程序可包括熱敷、冷凍療法、軟組織整復（按摩／推拿，泡棉滾輪）、加壓裝置，或以上幾種方式的任意組合。睡眠也是運動員恢復過程中重要的一環，補水與能量補給也是。

運動員應藉由與醫療專業人員的談話，清楚了解自己的恢復目標，並應擬定計畫達成這些目標。良好的恢復計畫，應該考慮到這項運動的需求，以及運動員的個人需求，讓運動員選擇對自己最有效的方法。

執行一套有效的恢復程序並不複雜，也不需要花大錢，但運動員必須了解，隨著訓練與競技進入不同階段，這套程序也可能改變。利用可攜帶、容易使用的設備，找出效果良好的恢復方式，可能是不錯的開頭。接下來，運動員的持續堅持與配合，就是影響恢復計畫有效與否的最重要因素了。

心理層面的注意事項

體育競技是身體的比賽，但需要高度的心理專注與控制力，以及身體技巧與能力。心理素質很重要，但競技並非智力競賽，而是可以運用心理技能從而提升表現的身體競賽。體能活動之間的空檔，就是心理技能較勁的時候。

一講到運動的心理層面，最常想到的是壓力的概念。依據社會心理學家鮑麥斯特（Roy Baumeister）的說法，壓力可定義為一種情緒反應，是由使「在特定時刻有好表現」的重要性增加的因素所引起。[6]但就如之前說過的，不管你對競技時刻有什麼感

6 原書註：Roy F. Baumeister, "Choking under pressure: Self-consciousness and paradoxical effects of incentives on skillful performance," *Journal of Personality and Social Psychology* (1984); 46(3), 610–620.

覺，那個時刻都根本沒在鳥你。

期望是心理狀態的另一個層面。同樣，我們在自己希望未來會發生的某事上，又加上了情緒反應。更糟的情況是，那個某事是某個別人對我們未來的期望。在如今社群媒體盛行的世界裡，運動員不只必須學習如何處理自己的期望，也要學習如何處理他人的期望。那個他人，還常常是自己根本不認識的人。運動員必須劃定界線，哪些是自己的事，是需要關注或需要控制的，哪些不是自己的事，就放開它，讓它隨風而逝。家人、朋友、教練、社群媒體或新聞媒體，要應付這些真的太累了。最重要的，其實是你對於自己的期待，那是你要回答的最關鍵問題。

雷維沙博士是運動心理學領域的巨擘。他的研究範圍以棒球為主，在我力邀下，他也為美國男子與女子排球隊提供諮詢，並到我們明尼蘇達州的訓練場館待過一陣子。雷維沙的運動心理學理論，開宗明義就是要先找出並理解運動員投入這項運動是**為什麼**。了解這個，才能對**如何**成就目標指明方向並賦予意義。他學說的核心主張，就是要控制好能夠控制的；延伸來說，就是運動員若能學會控制自己，就能控制自己的表現。假使在比賽的不同階段（即準備、競技與賽後檢討），運動員都能學會自律，他們就能持續穩定發揮出自己的最佳表現。

控制好整個準備過程是艱鉅的任務，要設法提升自己這方面的能力。準備的內容從目標的釐清、技能的習得，到練習規畫，也可能是作戰系統、戰術、後勤，或任何能夠提升表現的因素。到了競技時刻，控制就表現在專注當下，在一球與一球之間，一分與一分之間，一次控球與下一次控球之間。賽後檢討時，要能誠實對自己的表現進行主觀評估，對客觀的統計數據與錄影片段也需要有解釋和評估的能力。運動員要找出自己做得很好以及進步空間較大的地方，作為下個準備階段的參考。

然後，這一切都必須透過運動員的認知再加以評量。運動員對於自己和自己的表現是怎麼看的，有什麼感覺？他們對教練，對訓練計畫，對團隊等有什麼想法？這些想法都清晰而一致嗎？運動員的感受是否帶來了矛盾，使他們遠離設定的目標？若運動員的認知與現實不符，我們要把運動員帶回到此刻，回到真正發生的現實裡，回到控制他們能控制的事物這個過程裡。

專注當下的能力，知道自己身在何處，這對運動員非常重要。他們要透過競技來得勝，但也必須了解，專注在競技的過程會提升自己得勝的機率。他們必須控制好自身所能控制的部分，包括自己和自己的表現。所有人都有狀態不佳的時候，覺得有點累或哪裡不太對勁，但就如雷維沙博士會說的：「感覺很好這件事的重要性，被大家過度強調了。」他會問：「你有那麼差，差到需要感覺很好才能打得好嗎？」這是個很棒的問題。現實就是你不可能時時刻刻都感覺很好，運動中如此，生活中亦然，所以你要怎麼做？你要去定義那一刻，還是讓那一刻來定義你？今天的狀態不在高檔，但你能把自己次檔或低檔的狀態百分之百發揮出來嗎？還是你要在自憐的泥淖裡打滾，變成自己感覺的俘虜，隨波逐流？

運動領域中，卓越者與優秀者的差異在於他們競技的能力，在於他們能否在競技時刻給出自己所有的一切。即使有太多理由支持他們不要全力以赴，但他們把自己的感受放在一邊，全心投入到競技的過程中，盡己所能把該做的做完。就像雷維沙說的，他們能好好去過很爛的一天。

對團隊運動的運動員而言，這種能力的培養有個特別有效的方法。除了紀律與自我控制之外，運動員可以試著把注意力從自身不足之處移開，專注在如何幫助團隊。對運動員而言，愈是執著在自己打得不順這件事上，往往就會打得更不順。與其一直糾結在自己要拿出最優表現或忙於自怨自艾，不如幫助隊友，來彌補自己不盡理想的表現，可以說一下計畫或鼓勵隊友，並在隊友成功時為對方加油打氣。為團隊注入能量，不要因為自己表現不如預期，就自私地把能量從團隊中帶走。隊友替你做了你沒做到的事，你應該心懷感謝，並盡一切可能的方式幫助他們。這種把注意力往外放的方式，通常能提升個別球員與整個團隊的表現。

這些心理素質的策略，往往要靠教練灌輸給球員。因此，教練應該多加學習並擁抱這些心理策略，將其融入到練習與競技的規畫和執行之中。大多數時候，教練會是那個試著幫助運動員回到當下的人。要做到這點，教練必須學會在正確的時候，用正確的語調，說出正確的話。

運動員不是機器。他們是人，而且很可能比一般人更容易面臨心理健康問題。就拿以常人無法企及的毅力而訓練不懈的運動員來說，從現實世界的角度看，這些人很可能具有強迫症特質。全心投入與強迫症之間的界線很模糊。我舉這個例並非要抹煞頂尖運動員投入的大量心血，我只是要說明運動員也是人，人的脆弱之處他們也不能倖免。

寫作這本書的時候，我們還在與新冠肺炎疫情搏鬥。這幾年很非典型（這還是保守說法），我們的運動員（跟大家一樣）突然必須面對病毒帶來的隔離和檢測，必須面對壓力與恐懼，及失去至親好友的傷痛。本來心理健康上的小裂痕變成大裂縫，很多運動員都需要心理及情緒支持。我們一直很幸運，近幾世代以來並未面對什麼全球危機，但也正因如此，當疫情猝然來襲，我們都缺乏因應的心理技能。這不是因為我們不夠好，我們只是缺乏經驗。不是說經驗是最好的老師嗎？疫情帶來了種種挑戰，但就像所有逆境時刻一樣，我們可以從經驗中學習成長。

我們的一流運動員，特別是在奧運競技場上的，常因背負期待與隨之而來的壓力，而承受心理與情感上的重擔。最受矚目的，如美國競技體操選手西蒙・拜爾斯

（Simone Biles）與高山滑雪選手米凱拉．席弗琳（Mikayla Shiffren），兩人都被看好在各自的項目奪得多面奧運金牌，兩人也都歷經一番掙扎。最近美聯社的一篇報導，將席弗琳面對外界期待她奧運奪金的感受做了很好的總結：

「一定要摘下金牌，否則就令人大失所望。」

席弗琳發現，對拜爾斯來說，「還不只這樣。沒有奪金還說不上『失望』」，因為大家根本不覺得有那種可能性。關於那種壓力，我只知道一件事：要贏不容易。從來都不容易。」

她沉默片刻，接著說，奧運賽事本身「整體而言不是什麼享受的過程」。

沒錯，席弗琳承認，奧運參賽期間是有些很棒的片段，有能夠珍藏一生的回憶。是的，這讓一切都「值得了。」

「但這不像大家說的那樣，好像到處是彩虹，是陽光，還有蝴蝶翩翩飛舞，」席弗琳說。「大家就覺得，『哇，那好像超好玩的！』但你會覺得，『是啦，如果衝過終點線的五秒鐘內看到綠燈（代表最快時間）也了解那代表什麼涵義，是滿好玩的。這個部分很好玩。』但除此之外，除此之外的其他所有時候，壓力真的、真的非常大，讓人很不舒服。」[7]

人都有苦苦掙扎的時候，但這些頂尖運動員還有其他許多人，他們的掙扎被放在全球矚目的舞台上搬演，被眾人放大檢視。他們犯了幾個失誤，就被媒體公審、嚴厲批判，而這些失誤很可能與大眾對他們不切實際的期待有關。看到他們被如此描繪、遭受如此對待，實在讓人失望又傷心，感覺很沮喪。如果是大學講師或什麼領域的專家，在課堂上或實驗室犯錯，消息並不會跑到你的動態消息裡。

運動員的心理健康與身體健康同等重要。近年來大眾對於心理健康問題與尋求治療的看法，已經有顯著改變，但要走的路還很長。運動員需要安全的空間，讓他們感到自信並受到支持，進而願意尋求幫助或適當資源。當運動員談及自己的心理健康需求與問題時，常被視為軟弱的表現；周圍的人往往不當一回事，有時還徹底忽略。憂鬱與焦慮就和任何身體傷害一樣真實，需要由合格的醫療專業人員加以評估處理。

運動員的父母與教練應該正視心理健康的問題，以開放的心態，傾聽運動員的心聲，抗拒想幫忙「解決」問題的衝動，也要避免刻意淡化問題。做一個主動並富有同理

7 作者註：Howard Fendrich, "Shiffrin talks about watching Biles deal with Olympic stress," Associated Press, February 2, 2022; https://apnews.com/article/winter-olympics-mikaela-shiffrin- mental-health-simone-biles-d1e8b3b25a6744739eb016d b2f715188.

心的傾聽者，或更進一步，提供適當的心理健康專業人員的尋求途徑。當運動員透露自己心理健康方面的問題時，你應該要知道，他們是鼓起很大的勇氣才能踏出這一步，同時，這還可能是他們第一次、也是唯一一次向外尋求協助。別讓機會在你眼前溜走。

社會層面的注意事項

運動的社會動力（social dynamics）在競技卓越的過程中也扮演要角。所有關係都具有社會面向，是能夠影響賽場上表現的人際關聯。在個人運動項目，這可能指教練與選手的關係，也可能是運動員與對手的社會連結。之前已經談過對手在競技中的重要性，我說他們能激發出你最好的那個部分，能迫使你展現出你自己無法獨力達成的表現，這是真話。而在競技時刻之外，與對手發展出社交上的連結也是可能的，也許還有機會發展為友誼，或至少是一份惺惺相惜的情感。

團隊運動也有類似的社會連結，且不限於團隊與隊友之間。你們的對手，有可能促使你們隊上的所有成員都成為更好的運動員，推動球隊成為高功能團隊。就如同與隊友練習能讓所有人進步，與對手競技也有相同效果。而表現的提升與進步其實不限於得分或運動能力，而是包括範圍更廣的其他重要行為，例如情緒控制與運動員精神等。要記得，競技是「與」你的對手一同「致力於尋求」某事物，這在前面曾經提過，即競技（competition）這個字的拉丁文字根涵義，所以競技即包含了協作的成分。

體育競技有時真的精采萬分，雙方激烈對戰時，選手和球迷都熱血沸騰。對戰讓運動員更帶勁，這對比賽來說雖然是好事，但把自己的表現交由對手來定義是很危險的。自己的表現應該牢牢掌握在自己手中。假如對手激發出你最好的部分，接下來的挑戰就是，你要找出如何靠自己召喚出類似的能量、力氣和執行水準。你能夠不靠外部來源，而從內在驅動自己嗎？要記得，必須維持高水準的表現穩定度，才能成為賽場上的常勝軍，假如我們遭遇某些對手就變「強」，遇到另一些對手又變「弱」，等於把競技時刻的自己交由對手去決定。

團隊中發生衝突在所難免。處理方式與你帶的運動員年齡有很大關係。不過一般而言，大家往往視衝突為「我」與「你」的對立，嚴重時可能影響整個團隊運作，讓大家無法專注在手上的任務。其實，不妨採取健康一些的觀點，把衝突視為「我們」對上「那個問題」。因為大家都在一條船上，影響其中一位成員的問題也等於影響到大家，因此全隊要同心協力來解決。

人都會有意見不合的時候，假如你跟某人之間發生什麼問題，一般而言我會建議你直接找當事人解決。但採取行動前，請先自我審視一番，試著決定等會兒互動時你要扮演什的角色。說話前先過腦子，若情緒太激動無法理性思考，那就先緩一緩，看需要多久才能平靜下來，在話說出口前先想好要怎麼說。若你決定展開對談，記得從尊重與誠實的立場出發，不要針對個人。

假如今天是別人找你談，讓對方先把要說的說完，請為了理解而傾聽，不要充滿防衛，為了等會兒嗆回去而聽。聽完對方的話以後，給予誠懇的回應。接下來要嘛問題解決，繼續往前；要嘛雙方同意彼此存在歧見，然後繼續往前。不管怎麼樣，都要繼續往前。積怨會潰爛發膿，傷害彼此的信任，並且在最糟糕的時候爆發出來。

仔細傾聽對方要表達的，為你的行為所造成的痛苦誠心道歉，為自己的言行負責，試著把事情好好了結。要是你還是覺得委屈，或覺得事情沒有解決，那應該本著為大家好的出發點再試一次。雙方都應該試著多說一些，以取得對方的諒解與同理，把問題解決，或者也可商請受雙方信任的中立第三方幫忙。繼續努力，直到問題解決為止。請務必要能寬恕，從中學習，然後回到手上的任務。

這些都牽涉到同理心。人與人本就有差異，正所謂一樣米養百樣人。我們很容易覺得自己的觀點才對，但我們的觀點來自於自己的經歷。地球上有超過七十億人口，我們的觀點怎麼就比別人的正確呢？當今世界推崇多樣性，鼓勵兼容並蓄，我們也應該培養同理他人的能力。

只有從經驗者而非觀察者的角度來經歷別人的故事，同理才可能發生。要做到這點，你必須如實觀照對方原本的樣貌，而非堅持你覺得對方應該有的樣子。我們的認知可能對自己而言就是現實，但這未必是別人的現實。我們應對雙方的差異抱持好奇心，而非加以批判或蔑視。

個人層面的同理重要，文化層面的同理亦然。在你看來粗魯怪異的行為，在其他文化（或國家、種族、家庭、地區、宗教等）中可能是很正常又普遍被接受的。社會常規是由人所建立，因而身在相對較盛行的文化中的人，常常自以為自己對他人的認知正確且適切，這會降低同理和理解的可能。與其帶著批判和種種自以為是去看待其他人或其他文化，何不改採好奇與尊重的態度呢？我為什麼這麼想？這是真的嗎？我的信念是否傷害或壓抑到別人？這些認定是否造成了偏見，偏見又阻礙了同理與了解呢？

除了好奇，正面的態度也很重要。對於被我們視為偶像的人，或我們不喜歡的人、不認識的人，我們很容易忽略掉對方也具有人性的事實。特別在不具名也沒有過濾機制的網路世界，情況更容易變本加厲。我們貶低羞辱他人，說一些當著對方的面絕對說不出口的話。但如果是看著對方的臉，看見他對你說的話產生的反應，將使你無法忽略他們的人性，從而也增加了同理。若你關於某人有些負面看法，那就當著他的面說。在人家背後，或躲在〇與一的帷幕後面批評，對你不好，對你談論的那個人也不好。請為自己的意見與行為負責。

我們也應該嘗試把人往好處想，能做到時都盡量這麼做。當我假設某人是善意，或假設對方有惡意是因為他有不好的經驗，我對對方的同理就會增加。比方開車時有人硬插到我前面，我會認為對方可能是無心的，或他可能有什麼緊急事故得趕路。若某人說了聽起來就是故意要傷人的話，我會想，**他今天一定發生了什麼事才會說出這種話。也許我該找他聊聊**。擔任領導角色時多多善解，有助提升同理的能力。

人都不一樣，而這些差異是一項優勢，尤其當大家有同理能力的時候。很多研究都指出，當團隊或組織中有多樣性的觀點時，其決策與解決問題的能力都展現明顯的優勢。

結語

在中心點運作

這些年下來，我發現，要懷抱達成重大成就的希望，試著成為你能成為最好的樣子，是一個多面向的過程，因此當然也需要多面向的方法。運動員需要鍛鍊、學習與競技。教練需要教學、訓練與輔導。競技卓越不只是設定一個高遠的目標，習得並應用必要的身體技能，為競技作規畫與準備，學習情緒控制與心理專注力，打造高功能團隊，或培養選手與教練之間健康的社會動力而已。競技卓越與以上這些都有關，而且如你讀到的，還與許多其他事物有關。必須學習競技卓越中所有身體、心理與社會層面的技巧，並且在競技的時刻把它們應用出來。當你在這一切面向都發展出優勢，才能創造最佳表現與重大成就；而唯有在這三個面向的交會處，也就是在中心的位置，才有最大協同效用：

我在前言中說過，我們二〇〇八年的美國男子排球隊花了四年時間努力學習，學會如何在三個面向的中心點運作。如同我們所希望與計畫的，這三個面向的努力都整合起

中心式目標設定的冠軍模型

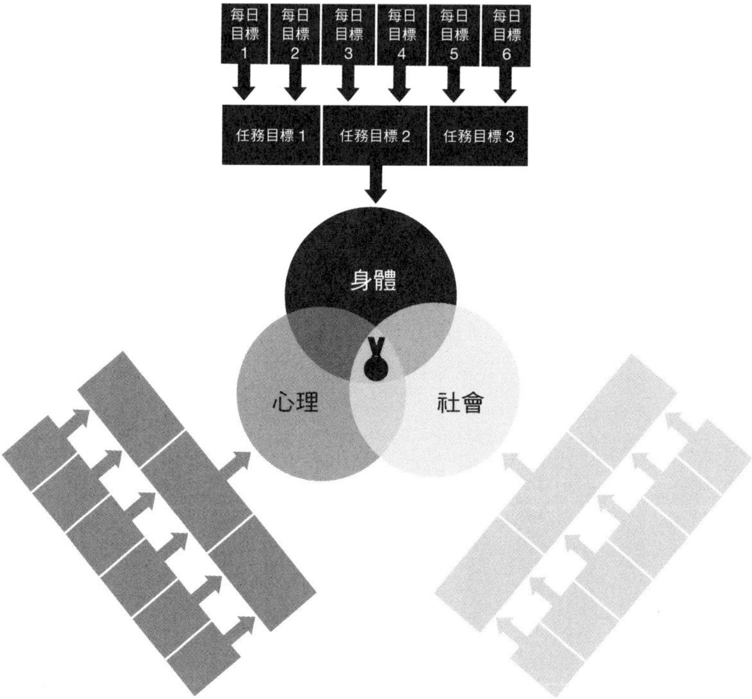

來了，但沒人能保證結果如何。即便在需要有最佳表現時，我們都拿出了最佳表現，但從來沒人敢說我們「篤定」奪金。

對（那時的）我來說，成為奧運冠軍是個夢想，不是真的能做到的事。雖然對我們一路走來的過程，對我們的全體職員與運動員，我有著無比的信心，但我一直沒敢真的去想這件事，直到決賽對戰巴西，我們贏了第四局的一個球之後，奪冠的可能才真正閃現在我的腦海。那時，我們局數二比一領先，比分也以二十四比二十二領先。（排球為五戰三勝制，每局先到二十五分者勝，但須勝兩分，決勝局十五分勝）。我清楚地記得那一刻，腦中突然出現很夢幻的想法，**我們真的有可能贏！**我轉過身背對球場，深吸一口氣，試圖讓我突然飆到每分鐘一百八十下的心跳和緩下來。我整理一下自己，回到手上的任務，為了球隊贏得下一分，說我能說、做我能做的。

我們發球，那球是巴西得分，比數來到二十四比二十三。賽末點，我們接發球，最後這一分打得很完美。我們從容競技，為了贏球做出對的選擇、對的打法，就與練習和計畫的一樣。

頒獎典禮結束後幾小時，我在回家的飛機上。我們達成了最初設定的目標，我的時間力氣還有別的地方需要。隊員也在隔天動身，回各自的球隊報到。這段花了四年時間換得兩週表現優異、最後兩小時表現卓越的旅程已經結束，大家各自展開生命的新篇章。

要在體壇達成這樣的重大成果有其難度。若你選擇走競技這條路，就得知道對手會盡一切可能來打敗你。他們會找出你的弱點，並且好好利用，對於你的優勢，也一定會擬定計畫來對治。比賽是公開的，任何人都可以來觀戰。倉促間，一切都會變得很「現實」。

那則關於進步，關於功成名就夢想的故事是這麼說的：你很努力，一階一階往上爬，爬呀爬，最後終於爬到了那裡。你達成了目標，你「做到了」，然後你的人生彷彿也將自此改觀，今非昔比了。到處都春暖花開，每個晚上頭一沾枕就好夢連連。跟變魔術一樣！

不是要掃大家的興，但現實不是那樣的。現實是，你永遠沒有「到達」的時候，你只能不斷向前走。你是達成了一些重大成就沒錯，感到心滿意足，也許還感到驕傲。但豐功偉業轉眼就成為前塵往事，「這裡」和「現在」等著我們處理。

從小到大我們都聽說，金牌是所有運動成就中最神聖的，能讓你的生命完全改觀。就某方面來說，是這樣沒錯，只不過不是以人家告訴我們的那種方式。不要誤會，成為奧運冠軍確實帶來深深的滿足感，但當你放眼望去，美國奧運代表團在夏季奧運通常會產生九十位左右的金牌得主，兩年後的冬季奧運又會出現更多金牌。簡單說，Wheaties

早餐穀片[1]的盒子上，沒有那麼多空間容納所有人。那些拿銀牌、銅牌的，很快就被大家遺忘。運動員對奪牌改變生活的期待，無疑太高了。高到可能使奪牌的成就反而變得沒那麼重要。許多運動員感到幻滅，因為說好的「成就帶來更多成就」並沒有發生。獎牌會帶來代言合約，會讓你的名字出現在跑馬燈，會帶來上電視的機會，這些都是真的，只不過不是人人有獎。金牌也許會改變少數人的人生，但對許多奧運冠軍而言，拿到獎牌的隔天，生活只是有一點不同，但不是很不同。

以為自己拿了金牌就「到了」終點，這種觀念還有個危險。除了發現自己依然受困於人類的境況而感到失望之外，在對成就的追求中，我們也可能誤把時間當做可以交易的商品。比方說，因為人家跟我們說會有更好的未來，所以我們把童年時光都花在兒少運動上，但這些時光一去不返。而我們的未來真的會比較好嗎？很難說，但肯定沒人能保證。宇宙不欠我們，我們也不是理所當然就該得到更好的未來。「明天會更好」的承諾，哄得我們交出自己的今天，而今天是我們唯一確定擁有的，就像約翰·伍登說的：

1 譯註：一九三四年起，Wheaties早餐穀片開始在外盒放上傑出運動員的影像，標榜「冠軍的早餐」。一九五八年，空前絕後兩度贏得奧運男子撐竿套跳金牌的美國選手理查茲（Bob Richards）首開先例，成為登上Wheaties早餐穀片盒正面的第一位運動員。

「應該把今天活成我們的傑作。」

今天不但會遭明天染指，還可能被昨天左右。生命的過程中我們會犯錯，會遇到逆境。人的傾向是糾結在這些時刻，把事情翻來覆去想了又想，舔舐傷口，沉浸在悲傷中，這些都沒有什麼不對。問題是，這樣的狀況要持續多久？我們要糾結在痛苦不適的情緒中多長時間？有多少個今天會因為昨天而打了折扣？我們對自己有責任，要盡力過好每一天，用最大努力從最良善的出發點，珍視生命中重要的人事物，發揚人性的光輝。生命中沒有人能給你保證，每一天都是禮物，都是機會，請好好珍惜利用。

我希望這本書有點用處。也許能激發一些思考，也許引起一些討論，希望它有幫到人。體育世界有時很複雜，希望這本書對競技卓越的過程與重大成就的樣貌，能作出一些釐清與指引。若你是運動員，現在你就了解鍛鍊、學習與競技的涵義。若你是教練，在教學、訓練和輔導的任務上，你大概能有比較充分的準備。若你是運動員家長，你應該比較知道替孩子選擇教練與課程時要注意哪些地方。

不過，不管你的身分為何，又為什麼在讀這本書，讀到這裡也差不多該把書放下了。是時候來做點夢，追尋你真心嚮往的事物，是上工的時候了。堅持競技卓越的過程，學習並應用這些冠軍行為，全力以赴去追求屬於你的重大成就。你也許會夠好，也許不夠好，但不管結果如何，你都會因為這個過程而變得更好。你在運動上會更好，在生活上會更好，還能幫助身邊的人變得更好。當你決定在身體、心理與社會三大支柱的中心點努力前行，你就是自己的冠軍，沒有比這還高的成就了。

belle vue 50

冠軍行為

奧運金牌教練的卓越競技學&冠軍育才術

作　　者　修・麥卡欽（Hugh McCutcheon）
譯　　者　林郁芬
總 編 輯　曹　慧
主　　編　曹　慧
編輯協力　陳以音
封面設計　比比司設計工作室
內頁排版　楊思思
行銷企畫　林芳如
出　　版　奇光出版／遠足文化事業股份有限公司
E-mail：lumieres@bookrep.com.tw
粉絲團：https://www.facebook.com/lumierespublishing
發　　行　遠足文化事業股份有限公司（讀書共和國出版集團）
http://www.bookrep.com.tw
23141新北市新店區民權路108-2號9樓
電話：(02) 22181417
郵撥帳號：19504465 戶名：遠足文化事業股份有限公司
法律顧問　華洋法律事務所 蘇文生律師
印　　製　呈靖彩藝有限公司
初版一刷　2024年7月
定　　價　440元
I S B N　978-626-7221-61-7　書號：1LBV0050
978-626-7221631（EPUB）
978-626-7221624（PDF）

歡迎團體訂購，另有優惠，請洽業務部（02）22181417分機1124、1135

國家圖書館出版品預行編目資料

冠軍行為：奧運金牌教練的卓越競技學&冠軍育才術 / 修・麥卡欽（Hugh McCutcheon）著；林郁芬譯. -- 初版. -- 新北市：奇光出版, 遠足文化事業股份有限公司發行, 2024.07

面；　公分

譯自：Championship behaviors : a model for competitive excellence in sports

ISBN 978-626-7221-61-7（平裝）

1. CST: 體育　2. CST: 運動心理　3. CST: 運動訓練

528.915　　113007107

線上讀者回函